LA

BONNE AVENTURE

PAR

EUGÈNE SUE.

I

PARIS.
MICHEL LÉVY FRÈRES, LIBRAIRES-ÉDITEURS
RUE VIVIENNE, 2 *bis*.
—
1851

LA
BONNE AVENTURE.

En vente chez les mêmes Éditeurs.

OEUVRES NOUVELLES

DE

ALPHONSE DE LAMARTINE.

Format grand in-8, cavalier, à 5 francs le volume.

NOUVELLES CONFIDENCES,

Un volume.

GENEVIÈVE,

Un volume.

TOUSSAINT LOUVERTURE,

Un volume.

Paris. — Imprimerie de madame veuve Dondey-Dupré, 46, rue Saint-Louis, au Marais.

LA
BONNE AVENTURE

PAR

EUGÈNE SUE.

I

PARIS.
MICHEL LÉVY FRÈRES, LIBRAIRES-ÉDITEURS
RUE VIVIENNE, 2 bis.
—
1851

I

I

Il existait, il y a quelques années, dans l'une des plus vieilles et plus sombres maisons de la *rue Sainte-Avoye*, une devineresse nommée madame *Grosmanche*.

Cette femme menait une vie bizarre, ne sortait presque jamais du petit appartement qu'elle occupait au quatrième étage; vivait absolument seule, et quelquefois sa porte restait longtemps fermée, non seulement à la portière de sa maison, chargée de lui apporter sa quotidienne et maigre pitance, mais encore aux nombreux clients attirés par sa renommée.

La première fois que madame Grosmanche s'était ainsi claquemurée chez elle, la portière, alarmée de ne recevoir aucune réponse, après avoir longtemps et bruyamment sonné et frappé, crut à quelque sinistre accident et courut faire sa déclaration chez le commissaire ; celui-ci vint, et, après plusieurs appels inutiles, fit forcer la porte de la nécromancienne.

On trouva madame Grosmanche en proie

à une sorte de profond sommeil léthargique ;
un jeune médecin du voisinage, homme assez bizarre, mais d'un grand savoir, le *docteur* Bonaquet, fut aussitôt mandé ; il parvint,
non sans peine, à tirer la nécromancienne
de *son état comateux*, ainsi qu'il disait ; mais
celle-ci, revenue à elle-même, témoigna
d'un grand courroux, maltraita fort sa portière et le médecin, s'écriant « qu'elle était
« libre de s'enfermer chez elle autant de
« temps qu'il lui convenait et de tenir sa
« porte close à tout le monde ; qu'elle ne
« voulait pas être troublée dans ses médita-
« tions ; qu'une fois pour toutes, enfin, elle
« entendait rester, si cela lui convenait, deux
« jours, quatre jours, vingt jours, un mois
« et plus, sans donner signe d'existence,
« notifiant à la portière qu'elle quitterait la

« maison si l'on se permettait de violer en-
« core son domicile. »

Depuis cette époque, l'on remarqua que le docteur Bonaquet vint parfois visiter la nécromancienne.

Était-ce comme médecin, comme ami ou comme client? L'on ne savait.

Les recommandations de madame Grosmanche, au sujet de l'inviolabilité de son domicile, furent cependant enfreintes en deux occasions. La première fois, sa demeure avait été fermée pendant onze ou douze jours; elle n'avait reçu du dehors aucun aliment; bien souvent la portière était allée écouter à la porte de la devineresse : le plus grand silence régnait au dedans. Enfin, soit réelle inquiétude, soit insurmontable curiosité, cette femme prit sur elle de faire de nouveau forcer le mystérieux logis; on y entra, mais l'on ne trouva personne.

La portière jura ses grands dieux qu'il était impossible que madame Grosmanche fût sortie sans avoir été aperçue; on fit dans l'appartement les plus minutieuses perquisitions. Elles furent vaines, et rien pourtant ne prouva qu'il y eût une double issue. La porte de cette mystérieuse demeure venait d'être refermée sur les investigateurs surpris et désappointés, lorsque soudain elle s'entrebâilla, et l'on entendit la voix de la devineresse qui recommandait à la portière de déposer le lendemain matin, comme d'habitude, dans l'embrasure de la fenêtre du *carré,* une tasse de lait et un morceau de pain, nourriture ordinaire de madame Grosmanche.

Une seconde fois, *l'antre de la sorcière* fut encore violé, mais dans des circonstances plus graves que lors de la première, Depuis plusieurs jours, madame Grosmanche n'avait pas donné signe de vie. C'était le soir, une forte odeur de brûlé se répandit tout à coup dans l'escalier : évidemment cette odeur provenait de l'appartement de la devineresse ; on y courut, la porte fut forcée ; l'on trouva la première pièce remplie d'une fumée assez épaisse, et au milieu du sol carrelé, l'on vit les débris noircis d'un nombre assez considérable de papiers récemment livrés aux flammes ; dans la pièce voisine, madame Grosmanche était couchée toute habillée sur son lit, la figure cadavéreuse, les yeux ternes et fixes, la bouche entr'ouverte et sans souffle, les membres raidis. On la crut morte. Mais bientôt on vit entrer le docteur Bonaquet, amené là sans doute par hasard et fort à point; personne ne l'avait été prévenir. Il renvoya, à leur grand regret, les voisines et les commères ; dit qu'il se chargeait de tout, s'enferma durant toute la nuit avec la prétendue morte ; au matin, il descendit et pria la portière de monter chez madame Grosmanche.

La devineresse semblait être en parfaite santé. Elle se montra très courroucée d'être ainsi continuellement assiégée dans sa demeure ; et comme la portière lui fit observer qu'une forte odeur de brûlé, qui provenait de son appartement, s'étant répandue dans la maison, la plus simple prudence avait exigé que l'on entrât aussitôt chez elle, madame Grosmanche répondit qu'elle ne savait pas ce que cela voulait dire, que depuis plusieurs jours, elle n'avait ni bougé de son lit, ni allumé de feu; la portière lui montra sur le carreau noirci les cendres des papiers brûlés la veille. Madame Grosmanche parut d'abord stupéfaite de cet incident; puis, après un moment de réflexion, elle répondit que c'était bien... qu'elle savait de quoi il s'agissait.

Toutes ces singularités répétées, exagérées par les échos de ce quartier populeux, étaient même parvenues dans les régions habitées, comme on dit, par le *bedu monde ;* la renommée de la devineresse, ainsi considérablement grandie, attirait chez elle une énorme affluence de clients ou de curieux de toute sorte ; mais bien souvent clients et curieux montaient en vain les quatre étages de madame Grosmanche ; en effet, elle ne donnait ses *consultations* qu'ensuite de ses retraites ou de ses disparitions mystérieuses ; puis elle restait de nouveau pendant quelque temps sans recevoir personne ; son désintéressement était d'ailleurs connu, elle ne taxait pas, acceptait ce qu'on lui donnait, et encore, dès que la recette s'élevait à une somme très modique, dès que sa *tirelire* d'argile où l'on déposait les offrandes était remplie, madame Grosmanche ne demandait rien à ceux de ses clients qui se présentaient.

Il faut bien le dire, un nombre considérable de personnes, curieuses de voir se lever pour elles un coin du voile qui cache l'avenir, affluait chez la devineresse par une faiblesse puérile et dans un espoir insensé. Soit; mais à cette puérile faiblesse, à cet espoir insensé, combien d'excellents esprits, combien de caractères fortement trempés ont parfois succombé? Qui ne sait entre autres, les étranges et mystérieux rapports de l'empereur *Alexandre* et de madame *de Krudener?* Qui ne sait les incroyables prédictions faites à l'impératrice *Joséphine*, prédictions plus incroyablement encore réalisées? Qui ne sait enfin de quelle manière a été parfois jugée la nécromancie par *Benjamin Constant*, l'un des esprits les plus profonds, les plus logiques et les plus vigoureux de ce siècle ? Et puis encore, qui ne sait que très souvent les sentiments tendres, passionnés, ont, chez les femmes surtout, à quelque classe qu'elles appartiennent, une remarquable tendance à la superstition ou à la fatalité.

Sera-t-on fidèlement aimée ?

Sera-t-on longtemps aimée ?

Telles sont presque toujours les questions d'avenir que les femmes de toutes conditions, ignorantes ou éclairées, sottes ou spirituelles, laides ou jolies, viennent poser à la cartomancie. Bien peu sont poussées à consulter l'avenir par espérances cupides ou par ambitieuses visées.

Maintenant, que les prédictions les plus extraordinaires se soient réalisées, personne n'en doute. Que d'autres prédictions, au contraire, et en bien plus grand nombre, il est vrai, aient toujours été de vaines et grossières piperies ; personne non plus n'en doute. Mais lorsque les devineresses ont prédit rigoureusement juste ! Est-ce hasard, charlatanisme ou prescience ? On l'ignore. Certains phénomènes de seconde vue n'ont-ils pas acquis un tel degré d'évidence, qu'il semble aussi fou de vouloir les contester que les expliquer.

Or, vers le milieu de l'année 184..., madame Grosmanche, après être restée invisible pendant assez longtemps, avait rouvert sa porte à ses clients anciens et nouveaux ; elle ne donnait jamais ses audiences que de nuit. En voici la raison : son appartement se composait d'une entrée, d'une seconde pièce formant salon, et enfin de sa chambre à coucher, où elle donnait ses audiences. Ces trois pièces se commandaient. Or, presque toujours les personnes qui vont se faire dire *la bonne-aventure* aiment à conserver leur incognito, incognito très facile à garder au milieu de l'obscurité profonde qui régnait dans les deux pièces dont était précédée la chambre à coucher de la devineresse. L'on entrait chez elle introduit par la portière, qui, montant avec chaque client, lui ouvrait la première porte ; ainsi invisibles les uns aux autres, les visiteurs attendaient au milieu des ténèbres ; chaque audience terminée, la devineresse prenait son client par la main, lui faisait traverser les deux chambres noires, le conduisait jusqu'à la porte de l'escalier, puis, en revenant, elle appelait par numéro d'ordre (délivré par la portière à chaque survenant) la personne qui devait remplacer le visiteur sortant.

Les scènes suivantes se passaient au commencement du mois de juin.

Madame Grosmanche venait de refermer sa porte sur quelqu'un qu'elle avait reconduit ; elle traversa l'antichambre et rentra dans le salon qui, nous le répétons, était aussi complètement obscur.

— Combien y a-t-il encore de numéros ?

— demanda madame Grosmanche, d'une voix douce, jeune et vibrante. — Veuillez vous compter, je vous prie.

— Comment, madame la sorcière, — dit une voix de femme avec un accent moqueur, — vous qui savez tout, vous nous demandez combien nous sommes ici ?

— Veuillez vous compter, — je vous prie, — répéta la devineresse sans répondre à ce sarcasme.

—Eh bien ! moi, j'ai le *numéro* 1, dit la voix qui venait de mettre en doute la sagacité de la nécromancienne.

— Moi, le *numéro* 2, dit une autre voix de femme.

— Moi... le *numéro* 5, dit encore une voix de femme.

La devineresse, au lieu d'introduire sur-le-champ et selon sa coutume l'une de ces trois personnes, resta tout à coup immobile au milieu d'elles, comme s'il était survenu quelque brusque incident.

Il régnait dans cette pièce autant d'obscurité que de silence. Silence si profond que l'on pouvait entendre la respiration pour ainsi dire haletante de la devineresse, alors en proie à une émotion violente et soudaine.

Mais bientôt le sceptique *numéro* 1 éleva de nouveau la voix et dit gaiement :

— Ah çà, madame la sorcière, allons-nous rester ainsi longtemps dans les ténèbres ?...

J'ai le droit d'entrer la première, et j'ai grand hâte de savoir ma bonne aventure.

Madame Grosmanche resta toujours silencieuse et immobile, murmurant cependant de temps à autre et à voix basse :

— C'est étrange... trois femmes ! quel est ce lien ? quel est ce lien ?

Enfin après quelques instants de méditation, la devineresse dit en ouvrant à demi la porte de sa chambre :

Venez le *numéro* 2.

Un instant, j'ai le *numéro* 1, — dit vivement la voix railleuse, — et je tiens à mon rang, moi.

— C'est vrai, — répondit madame Grosmanche avec un accent singulier et en appuyant d'une manière significative sur les mots suivants : — *Vous tenez à votre rang, madame... Oui, vous y tenez beaucoup à votre rang.*

Le sceptique *numéro* 1 fut si surpris et si décontenancé par la réponse de madame Grosmanche, qu'il ne souffla pas mot et qu'il laissa sans la moindre réclamation le *numéro* 2 suivre la devineresse dans la chambre cabalistique dont la porte se referma aussitôt.

II

II

La chambre à coucher de la nécromancienne était d'une propreté merveilleuse, mais d'une simplicité *spartiate*. Une lampe voilée l'éclairait faiblement; un lit de fer, une table, quatre chaises, une haute armoire et une commode de noyer, en composaient l'ameublement; les murailles, recouvertes d'un papier vert, étaient nues; l'on n'y remarquait aucun de ces emblêmes cabalistiques, tels que hiboux, crocodiles ou serpents empaillés, destinés à impressionner le vulgaire.

Le seul *engin* magique que possédât la devineresse était un grand vase de cristal de la forme d'un cône renversé, rempli d'une eau limpide et placé sur la table, à côté de plusieurs jeux de cartes et d'une boîte renfermant plusieurs petites médailles d'or, d'argent et de fer, de la grandeur d'une pièce de cinq sous, et sur lesquelles on voyait gravés certains signes mystérieux.

Madame Grosmanche était-elle jeune ou vieille, laide ou jolie, bien ou mal faite? Ses clients l'ignoraient absolument; car elle ne donnait ses audiences que revêtue d'une sorte d'ample domino noir, à camail et à cagoule, où l'on n'apercevait que deux ouvertures pour les yeux, qui du moins semblaient être beaux et brillants.

Le *numéro* 2, très jeune et très jolie femme, semblait assez embarrassée, malgré sa charmante petite mine friponne et éveillée. Plusieurs fois elle baissa ses grands yeux noirs, et rougit jusqu'au front en voyant la devineresse l'examiner en silence.

Au bout de quelques instants, madame Grosmanche dit à sa cliente d'une voix douce, presque affectueuse :

— Votre main droite, je vous prie ?

Puis, pendant que la jeune femme ôtait

son gant de peau de Suède, la nécromancienne se recueillit un instant et reprit :

— Vous ne connaissez pas les deux personnes qui tout à l'heure attendaient ainsi que vous dans le salon ?

— Non, madame ; au milieu de l'obscurité, je ne pouvais d'ailleurs distinguer leur figure ; mais nous nous sommes dit quelques mots, et je suis presque certaine de ne pas connaître ces dames, car je n'ai jamais entendu leur voix ; je suis venue avec une de mes amies qui m'attend à la porte dans un fiacre, et j'aurais voulu seulement savoir si.....

— Cela est étrange, — répéta la devineresse en se parlant à soi-même et interrompant le *numéro* 2. — Quel est ce lien ?

— Quel lien, madame ?

— Pardon, — dit madame Grosmanche sans répondre à la question qu'on lui faisait. — Donnez-moi votre main.

Le *numéro* 2 livra sa main à la nécromancienne ; celle-ci, relevant sa large manche, laissa voir des doigts roses et effilés terminés par des ongles polis, et, tenant la main de sa cliente entre les siennes, commença d'examiner attentivement ces lignes bizarres qui se croisent dans la paume de nos mains.

Tout en se livrant à cette minutieuse étude, la devineresse, reportant parfois son regard de la main à la figure de la jeune femme, semblait vouloir comparer les pronostics qu'elle tirait de l'observation des lignes de la main avec quelques indices physionomiques, et laissait souvent échapper quelques mots qui révélaient sa pensée intérieure.

Bon cœur, — disait à demi-voix madame Grosmanche avec une expression de satisfaction secrète. — Excellent cœur... délicatesse rare...

— Madame! — balbutia modestement le *numéro* 2 en rougissant de cet éloge mérité.

— Naturel charmant, — poursuivit la devineresse de plus en plus absorbée. — Esprit droit, juste, mais peu cultivé.

— Oh! pour ça, c'est vrai, madame, —

reprit gentiment le *numéro* 2, mis pour ainsi dire à l'aise par cette petite critique.— Dam, quand on est née et élevée dans le petit commerce, l'on n'a ni le temps ni le moyen de devenir bien savante.

— Caractère égal et d'une gaîté folle, — poursuivit la devineresse. — Elle est si heureuse !

— Ah ! pour le coup ! — vous êtes une habile dame, reprit le *numéro* 2. — Le fait est que je suis gaie comme un pinson et heureuse, oh ! mais, là, heureuse comme on ne l'est pas..... Aussi je venais vous demander si...

— Femme aimante et dévouée, — ajouta la devineresse.

— Tiens ! vous savez donc, madame, que mon bon Joseph est le meilleur des hommes ? — dit la jeune femme tout ébahie.

— Et tendre mère, — ajouta madame Grosmanche. — Oui, bien tendre mère.

— Pardi ! toutes les mères le sont, — dit naïvement la jeune femme. — Ce n'est pas malin à deviner, ça.

Soudain la devineresse tressaillit, laissa brusquement retomber sur ses genoux la main de sa cliente étonnée, leva la tête vers le plafond comme pour se recueillir ; puis, après avoir de nouveau et longtemps examiné la main de la jeune femme, elle lui dit d'une voix légèrement altérée :

— Vous êtes née en 1821 !

— Oui, madame.

— Vous avez vingt-un ans ?

— Oui, madame.

— Vous vous êtes mariée le...?

— Le 21 novembre, — répondit la jeune femme de plus en plus surprise du savoir de la devineresse et de l'accent inquiet de sa voix. — J'ai toujours remarqué que la date 21 se retrouvait souvent dans ma vie. C'est quelque chose de bien drôle, n'est-ce pas, madame ?

Madame Grosmanché ne répondit rien, et appuya sur ses mains tremblantes son front caché par son camail; elle semblait accablée. Quelques légers soubresauts de ses épaules faisaient supposer qu'elle pleurait et qu'elle tâchait en vain de comprimer ses sanglots.

Stupéfaite de cet attendrissement, la cliente de madame Grosmanche resta d'abord immobile et muette; cependant, au bout de quelques instants, elle lui dit timidement :

— Mon Dieu! mon Dieu! on croirait que vous pleurez, madame?

— Oui, je pleure, — répondit la devineresse en portant son mouchoir aux deux ouvertures de sa cagoule, — je pleure sur vous.

— Vous pleurez sur moi! — s'écria le *numéro* 2, — et pourquoi? vous ne me connaissez pas.

— Jamais je ne vous ai vue, — répondit la nécromancienne avec abattement ; — je ne sais qui vous êtes.

— Mais alors, madame, quelle est la cause de votre chagrin à mon sujet ?

— Quelque chose de bien sinistre, oh ! de bien sinistre que j'entrevois. Cependant, je ne suis pas encore tout-à-fait certaine de ce que je redoute.

— Pour moi ?

— Pour vous ?

— Allons, ma chère dame, — reprit le *numéro* 2 souriante et rassurée par un instant de réflexion, — vous vous serez trompée pour sûr ; car, moi, je pourrais vous prouver clair comme 2 et 2 font 4 que j'ai été et que je serai heureuse toute ma vie. Mon Dieu, oui, c'est comme ça, — ajouta le *numéro* 2 d'un petit air résolu. — Je n'en doute pas, et je voulais seulement vous demander si...

— Continuons la séance, — dit la devineresse avec effort, — le voulez-vous ?

— Je crois bien ! car, voyez-vous, je ne suis pas poltronne, et d'ailleurs je joue, comme on dit, *sur le velours*; que peut-il arriver ? Si vous répondez *oui* à la question que j'ai à vous faire, je serai contente ; si vous répondez *non*, eh bien ! je serai encore contente ! Vous n'avez pas beaucoup de pratiques comme moi, j'espère.

Madame Grosmanche soupira et dit à la jeune femme :

— Prenez dans cette boîte sept médailles de fer, sept médailles d'argent et sept médailles d'or.

— Tiens ! tiens ! dit le *numéro* 2, cela fait encore le nombre 21 ?

— Oui... Maintenant, gardez dans votre main quatre médailles d'or, deux médailles d'argent et une médaille de fer...

— Je les ai.

— Laissez-les tomber toutes à la fois, et pêle-mêle, dans ce vase de cristal.

— Mon Dieu, comme c'est amusant ! — dit le *numéro* 2 avec une curiosité d'enfant, et il obéit à l'ordre de la devineresse.

Lorsque l'ébullition passagère de l'eau permit de voir dans quel ordre les médailles s'étaient superposées au fond du vase, formant, nous l'avons dit, un cône renversé, la devineresse observa que la pièce de fer était au fond, puis trois pièces d'or, puis les deux pièces d'argent, puis enfin la dernière des quatre pièces d'or était au-dessus de toutes les autres.

— Maintenant, — dit la nécromancienne, — mettez dans cette boîte quatre médailles d'argent, deux médailles d'or et une de fer.

La jeune femme obéit.

— Fermez cette boîte, secouez-la afin de mélanger les médailles, et ouvrez-la.

La boîte ouverte, madame Grosmanche observa que l'une des deux médailles d'or était encore placée au-dessus des autres ; elle dit alors au *numéro* 2, qui semblait enchanté d'exécuter toutes ces évolutions cabalistiques :

— Prenez dans votre main les sept médailles restant, cinq de fer, une d'argent et une d'or.

— Bon. Je les ai.

— Fermez votre main.

— Très bien ; je la ferme.

— Maintenant, entr'ouvrez un peu les doigts afin de laisser tomber sur cette table une seule des sept médailles que vous tenez... il n'importe laquelle.

La devineresse semblait attendre avec une profonde anxiété le résultat de cette dernière épreuve.

L'unique pièce d'or qui se trouvait mêlée avec les autres médailles dans la main de la jeune femme tomba sur la table.

Après avoir paru calculer les rapports de différents signes gravés sur les médailles, la devineresse, paraissant toute heureuse d'un pronostic qui contrastait avec les sinistres appréhensions d'abord exprimées par elle, la devineresse s'écria :

— Quoi qu'il arrive, IL vous aimera jusqu'à la mort.

— Eh bien ? Mais c'est tout simple, cela, madame,— reprit naïvement la jeune femme sans être étonnée le moins du monde de cette prédiction. — Comment, il vous a fallu tant réfléchir en regardant ma main, et me faire manigancer toutes ces petites médailles pour découvrir que Joseph et moi nous nous aimerions toujours? Voilà-t-il pas une belle avance! Pardi! sans être aussi savante que vous, moi, madame, j'ai deviné cela toute seule, et depuis longtemps, allez! Mais ce que par curiosité je venais vous demander, c'est tout bonnement ça : *Mourrai-je, oui ou non, avant mon bon Joseph?* Maintenant, allez votre train. Ne vous gênez pas, ne craignez pas de me faire de la peine; quoi que vous me prédisiez, je m'en arrangerai... Dam, c'est tout simple ; si Joseph meurt avant moi, il n'aura pas du moins le chagrin de me voir mourir, ce qui serait bien dur, oh! bien dur pour lui; je le connais. Si c'est, au contraire, moi qui dois mourir la première, c'est à moi que sera épargné le grand chagrin de voir s'éteindre quelqu'un qu'on a tant aimé. C'est un peu égoïste ce que je vous dis là ; mais, avant tout, je suis franche.

— Croyez-moi, dit la devineresse avec émotion, — restez sur l'heureuse prédiction que je vous ai faite, ne m'interrogez plus.

— Mais, mon Dieu! mon Dieu! — reprit la jeune femme avec impatience,— que pouvez-vous donc m'apprendre de si chagrinant? Puisque je vous réponds, moi, que Joseph et moi nous nous aimerons toujours, et qu'il m'est égal de mourir avant ou après lui...

— Alors, à quoi bon m'interroger?

— Tiens! pour savoir donc!, reprit le *numéro* 2 avec la plus drôle de petite mine que l'on puisse imaginer, — et puis, votre hésitation à me répondre me fait griller de curiosité.

— Je vous en prie, je vous en conjure, — reprit madame Grosmanche avec effort, — ne me faites plus de questions; malgré moi, j'y répondrais peut-être.

— Voyons, ma bonne chère dame, — dit le *numéro* 2 avec un air de supériorité compatissante très divertissant, — je vais vous mettre joliment à votre aise. Supposons que vous ayez lu dans ma main que je mourrais toute jeune, n'est-ce pas? Eh bien! je crois,

Dieu me pardonne, que, sans désirer le moins du monde cet accident, ah! pour ça non, par exemple, je trouverais encore moyen de m'en arranger. Savez-vous comment? en me disant que, si je mourais toute jeune, du moins mon bon Joseph garderait de moi un coquet et gentil petit souvenir... C'est un peu orgueilleux, ce que je vous dis là; mais, je vous le répète, je suis franche.

— Mourir jeune! — s'écria involontairement madame Grosmanche avec une sorte de douloureuse impatience. — Ah! s'il ne s'agissait que de mourir jeune!

— Comment! s'il ne s'agissait que de cela! Mais c'est pourtant déjà bien joli comme ça! Aussi, ce que vous venez de me dire me donne pour le coup une rage de curiosité, et je ne sors pas d'ici que vous ne vous soyez expliquée.

Après quelques moments de silence, la nécromancienne dit d'une voix altérée :

— Une dernière fois, je vous le dis, prenez garde, ceci n'est pas un jeu ; prenez garde, ne m'interrogez pas sur votre mort. Tout-à-l'heure, lorsque j'ai pleuré sur vous, j'ai fermé les yeux avec effroi devant ce qu'un instant j'avais entrevu. Oh ! ne me forcez pas à les rouvrir, ne me forcez pas à compléter une prédiction peut-être épouvantable ! Prenez garde. Encore une fois, ceci n'est pas un jeu.

— Vous me croyez donc bien lâche, madame, — s'écria la jeune femme émue malgré elle par l'accent de sincérité des paroles de la sorcière. Puis, redressant sa tête charmante, où se lisait alors une résolution énergique, la jeune femme ajouta :

— Soyez tranquille, madame; s'il le fallait, j'aurais du courage comme une autre.

— Je le sais, — reprit madame Grosmanche avec une profonde mélancolie. — Oh! oui, c'est une bonne et vaillante nature que la vôtre... aussi ai-je pitié de vous; n'insistez donc pas; vous ignorez, voyez-vous, la redoutable tentation à laquelle vous m'exposez... La vérité m'oppresse... Jamais, non, jamais peut-être, les signes qui parfois m'éclairent n'ont été pour moi plus visibles, plus saisissants! Mais, hélas! si certaines révélations me permettent souvent de prévoir de grands maux, je suis impuissante à les conjurer. Si l'*effet* se dévoile à mes yeux, presque toujours la *cause* reste voilée pour moi... Ainsi donc, je vous en supplie, renoncez à une curiosité stérile et funeste.

— Non, non, — répondit impatiemment la jeune femme dominée elle-même, malgré la gaîté de son caractère, par cette étrange et mystérieuse situation, — je veux tout savoir, je le veux !

A la réponse si décidée de la jeune femme, la nécromancienne, bannissant tout scrupule, lui indiqua du geste plusieurs jeux de cartes placés sur la table, et lui dit d'une voix brève, et comme si elle eût cédé à une obsession croissante :

— Il y a quatre jeux de cartes ; prenez au

hasard un paquet de ces cartes, gros, petit ou moyen... peu importe !

Le *numéro* 2 prit un paquet moyen.

— Comptez le nombre de ces cartes sans les retourner, — dit la nécromancienne avec anxiété.

La jeune femme compta.

— Il y en a *vingt-et-une*, — dit-elle non sans surprise.

— Toujours ce nombre !... — reprit madame Grosmanche, — il est fatal, fatal !

— Je l'avoue, — dit la jeune femme, — voilà encore un drôle de hasard.

— Un hasard ?... dit la devineresse en haussant les épaules.

Puis elle ajouta :

— Sachez d'abord la signification attribuée à ces cartes... le *trèfle*, c'est la MORT ; les chapelles sépulcrales sont éclairées par des trèfles à jour taillés dans la pierre...

— La mort, je vous l'ai dit, madame, — reprit hardiment la jeune femme — la mort ne me fait pas peur. Continuez.

— Le *trèfle* joint au *cœur*, au *cœur* rouge comme un cœur qui saigne, c'est la MORT VIOLENTE, mais seulement la mort violente.

— Seulement ? — reprit la jeune femme. — Seulement ? Qu'est-ce que cela veut dire ?

— Écoutez... écoutez, — reprit la devineresse avec une agitation croissante : le *trèfle* joint au *carreau*... rouge comme deux triangles joints et teints de sang... c'est...

Et la devineresse s'interrompant, passa sa main frémissante sur son capuchon, comme si son front eût été baigné de sueur.

— C'est ?... — répéta le n° 2, qui semblait céder malgré elle à l'attraction vertigineuse de l'abîme. — Achevez... achevez : ces cartes... signifient ?

— La mort...

— La mort !...

— Oui, murmura la devineresse avec épouvante ; — mais LA MORT SUR L'ÉCHAFAUD !.....

— Ah ! — s'écria la jeune femme en se reculant et se levant vivement, — cela fait peur, à la fin !!!

Et il y eut un moment de profond et lugubre silence.

A la terreur involontaire causée par les sinistres paroles de la devineresse, succéda chez le *numéro* 2 une réflexion très-rassurante ; se sachant après tout, parfaitement incapable de toute homicide pensée, elle trouvait encore plus insensé qu'épouvantable qu'on vînt lui dire que peut-être les cartes allaient pronostiquer qu'elle *mourrait sur l'échafaud*, en d'autres termes qu'elle devait un jour commettre un meurtre, à moins qu'elle ne fût victime d'une *sanglante erreur judiciaire*.

Le *numéro* 2, revenant donc de sa preumière et involontaire frayeur, reprit très-gaiement et très-délibérément :

— Comme de ma vie je n'ai pu seulement voir tordre le cou à un poulet, ma pauvre chère dame, vos cartes auraient beau dire que je tordrai le cou à quelqu'un, que je m'en rirais comme de Colin-Tampon. Ainsi, allez votre train, et finissez votre tour de cartes... Comptons-les ; nous allons voir s'il s'y trouve de ces fameux *carreaux* qui ont une si vilaine signification.

— Comptons les cartes, comptons-les... Ah! je le sens au tremblement qui m'agite... ma *première vue* ne m'avait pas trompée, — reprit madame Grosmanche d'une voix de plus en plus haletante, oppressée. — *Trèfle et carreau...* ne l'oubliez pas... c'est l'échafaud !

Et ses mouvements devenant brusques et saccadés, presque convulsifs, elle commença de retourner les vingt-et-une cartes prises au hasard par la jeune femme, et à énumérer leur couleur.

— Chose étrange ! les dix-huit premières cartes se composaient seulement de *trèfles*, signe de *mort ;* mais aucun *cœur*, signe de *mort violente,* aucun *carreau,* signe *d'échafaud,* n'avait été jusqu'alors retourné.

Déjà la jeune femme, quoique nullement superstitieuse et n'attachant plus qu'un sentiment de curiosité désintéressée au résultat de cette épreuve, se sentait cependant involontairement presque satisfaite. Le sinistre pronostic n'apparaissait pas ; mais soudain la couleur changea, et madame Grosmanche termina ainsi l'énumération des trois cartes restantes :

— *Sept de carreau!...*

— Ah ! — fit la jeune femme sans pouvoir retenir un léger mouvement de surprise.

— *Sept de carreau !*

— Comment, encore ?

— Et *sept de carreau!* — ajouta madame Grosmanche en jetant la dernière carte sur la table. — Vous voyez, vous voyez... ces trois sept de carreau forment encore vingt et un, le nombre fatal, oui, fatal ! car vous avez vécu *trois fois sept ans...* Vous vivrez *sept ans* encore... et la septième année vous mourrez sur l'échafaud !

— Ah bien ! en voilà une sévère ! — dit la jeune femme en haussant les épaules, mais ne pouvant cependant pas encore revenir à sa gaîté naturelle ; — je suis bien sûre que vous vous trompez, madame ; mais enfin, dans le premier moment, on ne peut pas dire que ce soit amusant à entendre.

— Et chose incompréhensible pour moi, — reprit la devineresse d'une voix de plus en plus affaiblie, et comme si une passagère incohérence d'esprit succédait à la puissante surexcitation nerveuse sous l'empire de laquelle elle avait d'abord parlé, — ces deux femmes qui sont là à attendre dans la chambre voisine... Oh ! mon Dieu, cet échafaud...

Je vois... près d'elles... Oui, redoutez la date du 21 février, cette date... Oh! redoutez...

La nécromancienne n'acheva pas, se renversa sur sa chaise comme anéantie, et demeura muette, immobile, affaissée, la tête penchée sur sa poitrine, les bras pendants ; et sans quelques tressaillements convulsifs dont elle était agitée de temps à autre, on l'aurait crue privée de tout sentiment.

Puis, au bout de quelques instants, madame Grosmanche tressaillit comme si elle se fût réveillée en sursaut, et dit à la jeune femme d'une voix faible et éteinte :

— Donnez-moi, je vous prie, un flacon

qui se trouve dans le tiroir de cette table; je suis brisée, la tête me tourne.

Le *numéro* 2 ouvrit le tiroir et présenta le flacon à madame Grosmanche. Celle-ci le prit d'une main défaillante et aspira les sels qu'il contenait en l'introduisant sous son camail; au bout de quelques instants, elle reprit ses sens et dit à sa cliente, d'une voix plus assurée :

— Excusez-moi, madame; l'exercice de certaines facultés a souvent sur ceux qui les possèdent une réaction douloureuse, accablante; il me semble que je m'éveille d'un songe pénible.

— C'est ça même, — reprit la jeune femme, — voilà qui explique tout, et j'aime mieux cette explication. A la bonne heure, vous rêviez toute éveillée, n'est-ce pas, ma pauvre chère dame, lorsque tout à l'heure vous m'avez conté cette prédiction affreuse qui, à la rigueur, aurait pu me faire un brin dresser les cheveux sur la tête ?

— Une prédiction affreuse ? à faire dresser les cheveux sur la tête ? — reprit madame Grosmanche en paraissant interroger péniblement sa mémoire ; — il se peut, oui, je crois, mais cela est maintenant bien vague dans mon esprit.

— Mais alors, madame, dites-moi..

— Oh! plus un mot! — reprit la devineresse en proie à une sorte d'impatience fébrile, — j'ai dû vous dire tout ce que je pouvais dire; vous me tueriez maintenant que vous n'obtiendriez pas une parole de moi.

— Cependant, madame...

— Oh! laissez-moi, — dit la devineresse en se levant avec une vivacité nerveuse, — laissez-moi, il se fait tard, il me reste encore, je crois, deux séances à donner; peut-être n'en aurai-je pas la force; venez, je vais vous reconduire.

— Madame, vous avez parlé de la date du 21 février. A ce sujet, un mot encore.

— Pas un seul! — s'écria madame Grosmanche en frappant du pied avec colère; — je ne sais plus rien, je ne dis plus rien!

Et elle se dirigeait vivement vers la porte, qu'elle entr'ouvrit.

La jeune femme, renonçant à prolonger l'entretien, reprit en tirant de sa poche une petite bourse :

— Madame, combien est-ce que je vous dois ?

— Eh ! mon Dieu ! mettez ce que vous voudrez, là, dans cette tirelire, et sortez.

— Mais, madame, — reprit la jeune femme après avoir en vain essayé de faire glisser son offrande à travers la fente de la tirelire, — je ne peux rien mettre là-dedans, c'est tout plein.

— Alors, gardez votre argent ou donnez-le pour moi au premier pauvre que vous rencontrerez, — dit la devineresse en ouvrant la porte de sa chambre.

Prenant alors la main de sa cliente, elle la guida à travers les deux pièces voisines, où régnaient, nous l'avons dit, d'épaisses ténèbres, et la conduisit jusqu'à la porte de l'escalier, qu'elle referma lorsque sa cliente fut sortie.

III

III

Lorsque madame Grosmanche rentra dans le salon où ses deux autres clientes l'attendaient dans l'obscurité, elle dit :

— Le *numéro 1* peut entrer maintenant.

— Enfin ! c'est heureux ! — répondit la voix moqueuse du *numéro 1*, à qui la devineresse, une demi-heure auparavant, avait dit d'un ton significatif, lors de sa réclamation au sujet du droit de priorité que lui donnait son numéro : « *Il est vrai, madame, vous tenez beaucoup à votre rang.* »

— Le *numéro 1* suivit donc la nécromancienne, et fut bientôt après enfermée avec elle dans sa chambre.

Le *numéro 1* semblait, du moins par ses vêtements, appartenir à la classe des femmes de chambre de la bourgeoisie, car, au lieu de porter un chapeau comme ses *collègues* de ce qu'on appelle les bonnes maisons, elle était coiffée d'un frais petit bonnet et portait un tablier blanc qui ceignait sa taille à la fois élégante, fine et élevée. Du reste, sa tournure remplie de distinction, sa physionomie hautaine, son port de tête impérieux et altier, paraissaient être en complet désaccord avec la modestie de sa mise. Son affectation même à donner un tour vulgaire à ses paroles et à son accent eût frappé toute personne douée de quelque pénétration. Aussi madame Grosmanche lui dit-elle en haussant les épaules :

— A quoi bon ce déguisement, madame ?

— Comment ! — répondit le *numéro* 1 en rougissant un peu ; — quel déguisement ? *Quèque* ça veut dire, *mame* la sorcière ?

— Soit ! ne perdons pas de temps à de vaines paroles, — répondit la devineresse d'une voix brève. Et elle ajouta :

— Que désirez-vous savoir, madame?

— Parbleu! — répondit crânement le *numéro 1*, en reprenant son assurance, — je veux savoir ma bonne aventure. Est-ce qu'on vient ici pour autre chose?

— Votre main...

— La voici, mame la sorcière.

Et la prétendue *soubrette* mit au jour une main ravissante, véritable main de petite-maîtresse.

A la première inspection de la main de sa nouvelle cliente, la devineresse tressaillit et ne put s'empêcher de dire à demi-voix :

— Toujours ce rapport mystérieux... toujours !

— De quel rapport mystérieux parlez-vous, ma chère ?

— C'est une réflexion que je fais, — répondit madame Grosmanche d'un air pensif.

— Ça n'est pas prodigieusement clair pour moi, *mame* la sorcière, et...

— Trêve de railleries, — reprit impérieusement madame Grosmanche, — vous venez ici par désœuvrement, par ennui, vous vous raillez de tout, vous ne croyez à rien. C'est bon pour le vulgaire de croire à quelque chose ! Allez ! vous me faites pitié en attendant que vous m'inspiriez peut-être un sentiment plus pénible.

— Madame, — s'écria le *numéro* 1 avec une expression de hauteur et de fierté indicibles, et oubliant l'humilité de son rôle, — savez-vous à qui vous osez parler ainsi ?

— Si je l'ignorais, — reprit durement madame Grosmanche, — cet orgueil indomptable que je lis sur vos traits me dirait qui vous êtes. Mais, je vous le répète, vous ne croyez à rien ; votre seul mobile, votre seul frein est un sentiment qui pourrait avoir son côté généreux et élevé, mais qui devient mauvais et stérile par l'application que vous en faites. Du reste, il faut le dire, vous avez été ainsi sauvegardée jusqu'ici des honteuses faiblesses auxquelles devaient vous livrer votre mépris de toute croyance et l'ardeur de votre sang.

— Quoique je ne comprenne pas un mot à ce que vous me contez là, madame la sorcière, — reprit le *numéro* 1 après quelques moments de silence en dissimulant sa profonde surprise et le dépit courroucé qu'elle éprouvait, — j'ai bien envie, pour la rareté du fait, de vous demander si je serai aussi sauvegardée pour l'avenir de toute honteuse faiblesse, puisque sauvegardée il y a.

La nécromancienne garda un moment le silence et répondit :

— Je ne peux rien vous prédire sans comparer votre main à celle de la personne qui attend dans la chambre voisine.

— Comment ! mais quel rapport y a-t-il

entre cette femme et moi? — dit le *numéro* 1 avec hauteur. — Est-ce que je sais qui elle est? d'ailleurs elle ne se souciera pas d'être vue.

— Vous ne la verrez pas, et elle ne vous verra pas.

— Au moyen d'un tour de magie ou de gobelet probablement, madame la sorcière, — répondit le *numéro* 1, qui ne se décontenançait pas facilement.

Madame Grosmanche se leva, prit sur son lit une écharpe de gaze bleue et un mantelet de soie noire.

— Voilez votre figure avec ce mantelet, — dit-elle au *numéro* 1. — La personne qui est ici à côté cachera sous cette écharpe ses traits, que je n'ai nul besoin de connaître ; je veux seulement comparer sa main à la vôtre. Consentez à ce que je vous propose, sinon la séance est terminée.

— Pas du tout! ce serait trop fâcheux, madame la sorcière, dit le *numéro* 1, en s'efforçant de rire de tout son cœur. — Cela devient trop curieux pour que je refuse une si belle occasion de m'amuser... J'irai jusqu'au bout.

La devineresse se leva, prit l'écharpe, se rendit dans la pièce voisine, y resta durant quelques instants et revint bientôt avec le *numéro* 5. Les traits de cette jeune personne, vêtue de grand deuil, disparaissaient entièrement sous l'écharpe de gaze bleue formant ainsi une sorte de long voile.

Le *numéro 4*, de son côté, avait caché son visage sous le mantelet de soie noire dont elle s'était enveloppé la tête et les épaules à peu près ainsi que le font les Espagnoles de Cadix avec leur mantille, ne laissant qu'une très-petite ouverture longitudinale à la hauteur des yeux.

La séance cabalistique commença donc entre ces trois personnes, la nécromancienne toujours grave et pensive, le *numéro 4* affectant toujours l'insouciance et la moquerie, le *numéro 5* tremblant et silencieux.

Au bout de quelques minutes de réflexion, pendant lesquelles les regards de madame Grosmanche s'étaient arrêtés sur la figure voilée du *numéro 5*, elle s'approcha et lui dit à mi-voix, d'un ton de commisération profonde :

— Hélas ! pourquoi ma science ne me donne-t-elle pas le pouvoir de faire sortir du tombeau un être si tendrement regretté !

— Grand Dieu, madame ! — reprit le *numéro* 3 d'une voix émue. — Vous savez mes regrets? Vous savez quel espoir insensé m'amène ici, presque malgré moi, je vous l'avoue, madame? Mais, dans la situation d'esprit où je me trouve, l'on a souvent recours aux ressources les plus extrêmes, on demande parfois une dernière espérance à des expédients devant lesquels notre raison recule. Pardonnez-moi, madame, de vous parler ainsi.

— Ce langage doit être le vôtre, — répondit doucement la devineresse. — Élevée dans des principes pieux et austères, cette démarche vous afflige, vous semble et doit vous sembler condamnable; et pourtant vous vous y résignez par un sentiment que j'honore. Votre main, je vous prie.

Puis s'adressant au *numéro* 1 :

— La vôtre aussi, madame.

Les deux femmes livrèrent leurs mains à la devineresse, qui les examina longtemps avec une profonde attention; puis, ainsi que dans la précédente audience, elle parut peu à peu ressentir une sorte d'obsession intérieure. Sa respiration devenait sonore, précipitée; son sein paraissait violemment agité; de temps à autre elle étouffait un soupir convulsif; enfin son agitation nerveuse devenant de plus en plus visible, laissant retomber les mains des deux femmes et se reculant d'elles presque avec épouvante.

— Non! non! ce serait trop de malheurs en un jour! ce serait trop!

Et elle appuya son front entre ses deux mains comme pour se recueillir.

— Décidément, madame la sorcière, — reprit le *numéro 1* en rompant le premier le silence, — ça n'est pas très gai ici! J'étais venue pour m'amuser, c'est vrai; vous avez deviné cela, vous qui savez tout; mais, avec la meilleure volonté du monde, je ne trouve pas le plus petit mot pour rire dans vos évocations et incantations, très peu magiques jusqu'à présent. Or, puisque vous devinez si bien le vœu secret de vos pratiques, vous devriez au moins les servir selon leur goût. Et, quant à moi, je déclare....

La devineresse saisit d'une main convulsives les jeux de carte déposés sur la table, et, interrompant le *numéro* 1, lui dit :

—Prenez là-dedans treize cartes au hasard.

— A la bonne heure, madame la sorcière ! cela commence à se dessiner un peu. Le nombre *treize* d'abord, nombre fatidique et infaillible, — dit la prétendue femme de chambre en renonçant tout à fait à ses affectations de vulgarité de langage.

Elle prit donc au hasard treize cartes sur la table.

— Et vous, madame, — dit la devineresse au *numéro* 3, — prenez aussi treize cartes. Et maintenant, — ajouta-t-elle en s'adressant aux deux femmes, — choisissez chacune dans cette boîte neuf médailles d'or, d'argent ou de fer, mais toutes du même métal; ne consultez pour ce choix que votre idée du moment.

— Par ma foi, — reprit gaîment le *numéro* 1, — moi, sans hésiter, je choisis tout bonnement l'or. On le regarde si généralement comme l'emblème du bonheur, qu'en sorcellerie il ne peut être que d'un heureux pronostic. Maintenant, madame la sorcière, que dois-je faire de ces neuf petites pièces d'or?

— Les disposer en triangle sur cette table, à côté des cartes choisies par vous.

— Très bien, — dit le *numéro* 1 en exécutant cette recommandation ; — seulement je vous avouerai dans votre intérêt, madame la sorcière, qu'il me semble que vous devriez accompagner vos exercices nécromanciens de quelques paroles cabalistiques et formidables, telles que *Abracadabra* et autres joyeusetés consacrées !

La devineresse, absorbée dans la contemplation des médailles que le *numéro* 1 venait de disposer en triangle sur la table, ne répondit rien.

Le *numéro* 3 semblait prendre la chose au sérieux. Plusieurs fois sa main tremblante effleura les médailles, mais elle hésita longtemps, se disant, peut-être que chacune de ces petites pièces de métal était pour ainsi dire une des lettres dont devait se composer la prédiction qu'elle venait demander.

Le *numéro* 1, remarquant son indécision, lui dit gaîment :

— Suivez mon conseil, ma chère complice en sorcellerie, imitez-moi, prenez l'or ; c'est vermeil et scintillant comme la bonne étoile d'une belle destinée.

Le *numéro* 3 secoua mélancoliquement la tête, et après une nouvelle hésitation, prit neuf médailles de fer, comme si elle eût espéré se rendre le sort favorable par l'humilité de son choix.

Alors, et à plusieurs reprises, madame Grosmanche disposa dans un ordre particulier les neuf médailles et les treize cartes afférentes à chacune de ces deux clientes, et se plongea de nouveau dans de mystérieux calculs auxquels le *numéro 1* apportait une curiosité moqueuse, tandis que le *numéro 3*, ému, recueilli, les mains jointes, attachait évidemment une grave importance à la décision du sort.

— Eh bien! madame la sorcière, — reprit le *numéro 1*, — vous êtes bien longtemps à additionner le total de toutes les miraculeuses félicités dont vous allez nous débiter l'assurance. Allons, allons, n'y regardez pas de si près! Faites-nous large et bonne mesure! Prédisez-nous trésors, amours et jeunesse sans fin ! il ne vous en coûtera pas davantage, ni à nous non plus.

— Non ! non ! reprit la devineresse avec un profond abattement,—non ! Je ne me trompais pas !

Et elle murmura à voix basse et entrecoupée :

—Ah! c'est horrible, horrible ! Mais quelle fatalité pèse donc sur ces trois destinées? Pourquoi encore cette date du 24 février ? Quelle est la cause? quelle est la cause ? Je ne sais.... Au-delà un voile s'étend sur mon esprit ; c'est l'obscurité.

— Peste ! cette obscurité-là est peu rassurante pour nous, — reprit le *numéro* 1 ; songez donc que nous venons justement nous éclairer de vos lumières, madame la sorcière.

— Ecoutez, écoutez! — s'écria la devineresse, — profitez des dernières clartés qui m'illuminent; vous avez voulu connaître l'avenir? que votre fatale curiosité soit donc satisfaite! Oh! ce n'est plus l'heure des ménagements; la vérité m'oppresse, elle m'obsède, elle me tue. Il faut, il faut que je la dise!

— A merveille! nous ne demandons que cela depuis une heure, — reprit ironiquement le *numéro 1*. — Il est vraiment temps de nous satisfaire, madame la sorcière.

Mais madame Grosmanche s'écria en portant tout-à-coup ses deux mains à son cœur:

— Oh! que je souffre! la crise va venir encore; la voilà, il faut que je parle avant que les ténèbres ne soient descendus sur mon esprit. Ecoutez-moi! La femme qui tout à l'heure était ici, et vous deux qui m'entendez, vous êtes vouées toutes trois à un sort épouvantable!

La jeune personne en deuil, saisie de stupeur, parut près de défaillir. Elle s'appuya d'une main sur le dossier de la chaise près de laquelle elle se trouvait, tandis que l'indomptable *numéro 1* reprenait:

— Mais, madame la sorcière, dites-nous au moins ce que c'est que notre compagne en futur épouvantable sort. On aime à savoir avec qui on se trouve dans ces occasions-là.

— Peu m'importe le sort qui m'est, dites-vous, réservé, madame,— murmura la jeune personne en deuil avec effort; — mais mon père, mon père! faut-il renoncer à un dernier espoir.

— Ne m'interrompez pas, — s'écria la devineresse. — Je vous le dis, je vous le dis, tout s'assombrit autour de moi.... C'est à peine si je me sens la force d'achever...

Puis, cédant à une espèce de transport prophétique, et s'exaltant ainsi que s'exaltait l'antique sibylle sur son trépied, la nécromancienne se leva, ne parut pas s'apercevoir de la présence des deux femmes et s'écria :

— Oui! oui! les destinées de ces trois infortunées seront reliées entre elles par une communauté d'affreux malheurs. Oui ! oui ! la voix, la grande voix ne me l'a-t-elle pas dit ? *Le 21 février est une date funeste ! La première de ces trois femmes montera sur l'échafaud !* Sa tête charmante tombera dans le panier du bourreau !

— Qui, la première ? s'écria le *numéro 1* avec plus d'indignation que de crainte. — Allons donc, ma chère, ces plaisanteries sont stupides et atroces ! Taisez-vous, et sur l'heure !

— Celle-ci, — reprit la nécromancienne sans répondre, car son esprit était ailleurs, — celle-ci mourra d'une de ces morts hideuses qui peuplent les dalles de la Morgue. Elle mourra dans des douleurs horribles.... le poison! le poison! Oh! le 24 février! date fatale! fatale!

— Mon Dieu, mon Dieu! que dit-elle? — murmura la jeune personne en deuil. — Est-ce un rêve, un rêve affreux! Ah! pourquoi suis-je venue ici? Oh! ma mère, ma pauvre mère, tu l'as voulu!

— Ne vous alarmez donc pas, dit le *numéro 1* à sa compagne.—Vous ne voyez pas qu'elle est folle, et qu'elle se moque des gens!

— Enfin,—reprit la devineresse haletante, épuisée, — la troisième... oh! la troisième, c'est plus horrible encore! La mort, c'est un moment; mais l'infamie, mais boire le calice du déshonneur jusqu'à la lie; mais avoir été toujours honorée, adorée, et se voir jetée dans le bagne des femmes perdues ! Être à perpétuité condamnée aux travaux des grandes criminelles ! Oh ! le 21 février ! date fatale ! fatale !

— Vous tairez-vous, misérable folle que vous êtes ! s'écria la prétendue femme de chambre en saisissant le bras de la nécromancienne avec emportement. — Vous tairez-vous, à la fin ! Je vous dis que c'est assez d'atroces plaisanteries. J'en rirais si j'étais seule; mais vous effrayez cette pauvre créature qui peut à peine se soutenir, — ajouta le *numéro* 1 en désignant du regard l'autre cliente, qui, appuyée au dossier du fauteuil semblait en effet près de défaillir. — Encore une fois, assez de ces sottes prédictions qui peuvent frapper des esprits faibles, mais dont les caractères fermes se moquent comme de vos cartes et de vos médailles.

Tout à coup la devineresse, qui depuis quelques instants était agitée d'un tremblement convulsif, poussa un grand cri et tomba comme foudroyée sur le carreau, en renversant par sa chûte la seule lampe qui éclairait faiblement cette chambre, où l'obscurité la plus complète régna soudain.

La jeune personne en deuil, déjà défaillante, perdit complètement connaissance, et la prétendue femme de chambre, dont le courageux sang-froid ne s'était pas démenti, eut la force de porter à tâtons l'infortunée sur le lit de la devineresse, qu'elle laissa étendue sur le carreau sans la moindre pitié;

puis, sortant de la demeure cabalistique, le *numéro* 1 descendit précipitamment l'escalier, prévint la portière que la sorcière et une de ses clientes se trouvaient mal, et disparut.

VI

IV

IV

Environ dix-huit mois s'étaient passés depuis les différentes scènes de nécromancie que nous avons racontées.

Usant du magique pouvoir attaché à la béquille du *Diable boiteux*, nous ferons assister le lecteur à trois actions presque simultanées.

La première avait lieu dans un petit appartement situé au troisième étage et donnant sur le quai de l'île Saint-Louis, au Marais, quartier solitaire, d'une tranquillité proverbiale. Tout, dans cette modeste demeure, annonçait les habitudes d'une vie calme, heureuse et retirée.

Une femme âgée, à l'apparence un peu valétudinaire, mais d'une physionomie douce et souriante, assise dans un large fauteuil, s'occupait d'un ouvrage de tapisserie. Le bois pétillant dans le foyer présageait une gelée de plus en plus piquante, car l'on était au mois de février.

De l'autre côté de la cheminée de ce salon très confortable, une blonde jeune fille de dix-neuf ans, vêtue avec autant de simplicité que de goût, et dont les traits enchanteurs rappelaient la chaste suavité d'une figure de madone, travaillait à une broderie.

Un piano ouvert, sur lequel était dépliée une partition, garnissait une des parties de ce salon. Les murs disparaissaient presque sous un grand nombre de très beaux dessins au pastel, assez récemment exécutés, ainsi qu'on le devinait à la fraîcheur de leur coloris. En face du piano, une bibliothèque contenait, en outre de nos classiques, les classiques anglais et italiens, dans leur langue originelle. Autour de cette bibliothèque on avait suspendu une multitude de couronnes de chêne, au feuillage artificiel, orné de brindilles d'argent. Enfin, au-dessus du piano, l'on remarquait le portrait d'un homme dans la maturité de l'âge, d'une figure noble et martiale; il portait l'uniforme de colonel d'artillerie.

Trois heures ayant sonné à la pendule du salon, la jeune fille interrompit son travail de broderie, alla prendre sur une étagère une petite fiole et une cuillère d'argent, et, revenant auprès de la femme âgée, lui dit en apprêtant une cuillerée du liquide contenu dans la fiole :

— Mère chérie, voilà trois heures.

— Oh! tu ne me ferais pas grâce d'une minute, toi! — répondit en souriant madame Duval (c'était son nom). — Te voilà encore avec ton affreux vin de quinquina!...

— Voyons, maman, sois donc raisonnable,

— dit la jeune fille avec un accent de doux reproche, en approchant la cuillère des lèvres de sa mère; — tu sais que, depuis que tu prends de ce vin, ton appétit est revenu. Allons, tiens...

— C'est si amer!

— Regarde... je n'ai pas même rempli tout à fait la cuillère... Voyons, mère chérie, du courage!

— Brrr! que c'est mauvais! — s'écria madame Duval en fermant les yeux après avoir bu. — Viens m'embrasser, Clémence, pour me faire oublier cette horrible amertume!

La jeune fille s'agenouilla gracieusement sur le tabouret où reposaient les pieds de sa mère, et lui tendit son front. Madame Duval écarta de ses deux mains les longues boucles de cheveux blonds qui voilaient à demi ce visage angélique, baisa tendrement Clémence au front à plusieurs reprises, et dit gaîment:

— Il n'y a rien de tel pour vous faire *bonne bouche* que d'embrasser ce frais et charmant visage.

— Ne me dis pas cela, mère chérie, — reprit Clémence en riant, — je doublerais la dose pour y gagner des baisers. Mais, sérieusement, depuis que tu prends de ce vin, avoue que tu te sens bien mieux, bien plus forte?

— Je le crois bien!... je mange comme un ogre!...

— Bel ogre! deux moineaux affamés te feraient honte.

— Enfin, pour moi, c'est beaucoup manger; assurément ma santé s'améliore de jour en jour, et cela grâce à tes soins de tous les instants, chère enfant, soit dit sans calomnier le cher docteur Bonaquet, qui a un nom si grotesque et une figure si extraordinaire!

—Le fait est, — reprit Clémence sans pouvoir s'empêcher de rire, — le fait est que ces têtes de bois appelés *casse-noisette d'Allemagne* ont quelque air de parenté avec ce pauvre docteur. Mais aussi quelle science! quel esprit supérieur, quel noble et généreux cœur.

— Oh! quant au cœur, je ne sais pas trop, — dit madame Duval en secouant la tête, —

je n'ai jamais rencontré un homme si bourru, si brusque. Et quand il plaisante, il emporte la pièce.

— C'est vrai, maman, mais sur qui tombent ses sarcasmes, souvent trop acérés, je l'avoue? sur les bassesses ou sur les méchancetés du monde. Aussi, malgré sa rude écorce je lui crois un bon et vaillant cœur. Que veux-tu, je suis peut-être un peu partiale, mais il a eu pour toi tant de soins délicats, assidus, pendant ta grande maladie! Il t'a sauvée enfin.

— Pauvre cher homme! c'est la vérité. Aussi je suis bien loin d'être ingrate. Seulement je maintiens que s'il n'avait pas eu un aide-médecin comme toi pour exécuter ses ordres avec un zèle, une attention inouïs, sa cure n'eût été ni si prompte ni si certaine.

— Tiens, mère chérie, — dit Clémence en souriant, — tu seras toujours incrédule en médecine.

—J'aime autant avoir foi dans ta tendresse. Oui, tu as beau me faire une petite moue de furieuse, je voudrais bien savoir où j'en serais si tu n'étais pas sortie de pension pour venir me soigner.

— Ne vas-tu pas me louer de cela, maintenant! Voyons, mère chérie, lorsqu'il y a dix-huit mois, tu es venue t'établir à Paris, afin de suivre les conseils de médecins renommés, pouvais-je te laisser seule et à la merci de soins étrangers?

—Sans doute, mon enfant, sans doute ; et

pourtant je regrette que tu n'aies pas achevé ta dernière année d'études à ta pension; tu aurais encore eu tous les premiers prix: musique, dessin, langues étrangères, que sais-je! Aussi, lorsque j'entendais: « Mademoiselle Clémence Duval, premier prix... » étais-je fière! étais-je triomphante! C'est comme lorsque autrefois je lisais (mes premières inquiétudes passées, bien entendu) le nom de ton pauvre père cité à l'ordre du jour de l'armée d'Afrique.

— Hélas! — dit Clémence avec un soupir mélancolique en tournant ses regards vers le portrait du colonel, — son intrépidité lui a coûté la vie! il est mort en héros! Ah! ma mère, la gloire coûte cher aux familles!

Madame Duval, se retournant aussi pour

contempler le portrait de son mari, reprit avec un accent de tristesse douce et résignée :

— Pauvre Julien ! C'est bien sa noble et loyable figure ! Courageux comme un lion !.. et pourtant si bon, si tendre pour nous deux, qu'il adorait !

— Bon père, il me gâtait tant ! — dit Clémence en souriant à demi, — Te souviens-tu, quand il venait avec toi, de sa garnison, pour me voir à Paris, et que j'étais en *retenue* à la pension, quelle tristesse pour lui ! être obligé de s'en retourner sans moi, au lieu de me ramener.

— À qui le dis-tu ! Lorsque je le voyais revenir seul, j'étais bien sûre de ce qui allait arriver. Au bout de cinq minutes, de grosses larmes roulaient sur ses moustaches, et il s'écriait : « Non ! cette maîtresse de pension n'a pas d'entrailles ! Elle sait que nous ne sommes à Paris que pour un mois, et elle a la cruauté de me refuser ma fille ! Pourquoi ? Parce que sa composition d'anglais ou d'italien a été mauvaise ! Comme si l'on ne pouvait pas faire par hasard un mauvais devoir ! Être aussi sévère pour Clémence ! elle, un ange de conduite ! elle qui a presque tous les prix de sa pension ! Après tout, je suis bien sot, ajoutait-il ; elle se moque du monde, cette maîtresse de pension ! Ma fille est à moi, peut-être ! Je veux qu'elle sorte !... elle sortira ! » et il courait derechef à ta pension.

— Oui, — reprit Clémence, — ce pauvre

père revenait et demandait résolûment ma sortie. — « Monsieur le colonel, vous êtes
« libre d'emmener Clémence, malgré la puni-
« tion qu'elle doit subir, — répondait notre
« rigide maîtresse ; — mais nos règlements
« sont tels, que si vous m'obligiez à les en-
« freindre, je ne pourrais, à mon grand re-
« gret, conserver ici mademoiselle votre fille,
« à qui je suis fort attachée. » Alors, mère chérie, il fallait voir et entendre ce pauvre et bon père, prier, supplier, flatter, cajoler, plaisanter même, afin d'obtenir ma grâce. Je l'entends encore dire à notre glaciale et inflexible maîtresse : — « Tenez, madame,
« nous sommes un peu collègues, car vous
« menez votre pension aussi sévèrement que
« moi mon régiment, et vous avez raison ;
« pourtant, lorsque j'ai mis un de mes offi-

« ciers aux arrêts ou un de mes canonniers « à la salle de police, je ne suis pas, je vous « le jure, toujours inexorable. » Mais à toutes les cajoleries de ce pauvre père, notre maîtresse répondait toujours : — « Impossible, « monsieur le colonel. Dimanche prochain, « Clémence sortira si elle n'a pas de puni- « tion. » Alors, de guerre lasse, ce pauvre père restait avec moi pendant le temps de la récréation et me disait tout bas : — « Certes, « je t'engagerai toujours à respecter ta maî- « tresse, car elle t'a élevée à merveille, mais « ce qui est sûr, c'est qu'il n'y a pas un colo- « nel de l'armée aussi sévère que cette dia- « blesse de femme-là sur la consigne. »

Ces ressouvenirs, moitié larmes, moitié sourires, attendrirent et émurent madame

Duval et sa fille ; mais leur tristesse n'avait rien d'amer. Habituées à parler chaque jour de celui qu'elles avaient perdu depuis tantôt deux ans, elles trouvaient dans ces entretiens un charme mélancolique.

Après un assez long silence, durant lequel madame Duval resta pensive, elle dit à demi voix et comme se parlant à elle-même :

— Non... non... je suis folle !...

— Que dis-tu, maman ?

— Rien... tu me gronderais.

— Mais encore, mère chérie, explique-toi.

—Eh bien ! si insensé que soit l'espoir que tu sais, je ne puis pourtant me décider à y renoncer encore.

— Hélas, maman, autant que toi je voudrais me livrer à cette folle espérance... mais si je la combats, c'est de crainte de te laisser une illusion dont la perte serait pour toi un chagrin de plus.

— Tu as raison, mon enfant, je ne suis pas sage. Cependant je ne puis m'empêcher de penser que si les probabilités, les circonstances, les faits tendent à prouver que ton pauvre père est mort en héros, dans un combat acharné, l'on n'a pas du moins la preuve matérielle qu'il ait péri.

— Hélas ! maman, pourrait-il en être autrement ! Renfermé dans ce *blockaus*, avec cinquante soldats qui lui restaient ; assiégé par des milliers d'Arabes ; n'ayant plus de vivres, plus de munitions, mon père, d'accord avec ses braves soldats, a mieux aimé se faire sauter que de se rendre pour subir une mort affreuse. Les deux seuls Français échappés par miracle aux Arabes et à cette catastrophe terrible, ont dit eux-mêmes avoir vu le colonel Duval mettre le feu à la mine qui a fait du blockaus un monceau de ruines. Deux ans se sont écoulés depuis ce malheur : comment espérer que mon père...

La jeune fille n'acheva pas, et elle mit son mouchoir sur ses yeux afin de cacher ses larmes.

— Chère, chère enfant ! — dit madame Duval en pleurant aussi et se levant pour aller embrasser sa fille, — pardonne-moi ! je suis folle ; je sais bien que pendant plus d'une année, on a fait en Afrique toutes les recherches possibles ; et cela dans les tribus les plus éloignées ; car ton père était un de ces officiers d'élite qui inspirent à tous autant d'affection que de dévouement. Sa mort était une si grande perte pour l'armée, que, malgré la presque certitude où l'on était de sa fin héroïque, on a tâché d'en douter le plus longtemps possible. Mais enfin, il n'a plus été possible à personne, sauf à moi peut-être, de conserver l'ombre d'un doute. Mon Dieu ! ma pauvre enfant, je l'avoue ; j'ai tort, grand tort de me rattacher ainsi à un espoir insensé, c'est continuellement raviver nos chagrins. Car, lorsque je me résigne à accepter ce grand malheur comme un fait accompli, nos entretiens, nos souvenirs touchant ton pauvre père, sont sans amertume ; nous parlons de lui comme d'un ami absent, auquel nous serons un jour toutes deux réunies pour l'éternité : mais que veux-tu ! mon enfant, et pardonne-moi de t'affliger encore ; tu le sais. une seule frayeur vient parfois assombrir cette vie que ta tendresse, que ton caractère angélique me rendent si heureuse.

— Allons, maman, encore ces tristes pensées ! dit Clémence les larmes aux yeux. N'est-ce pas prendre à tache de vous tourmenter ?

— Non, non, chère enfant, je ne veux rien exagérer, mais enfin je ne suis pas d'une santé bien vaillante ; la mort de ton père m'a porté un coup cruel ; je vais beaucoup mieux grâce à tes soins si excellens, si pieux ; mais, s'il me fallait, vois-tu, te quitter pour toujours avant de t'avoir vue bien mariée, bien établie, ce serait affreux pour moi ! Voilà pourquoi souvent je me rattache involontairement au fol espoir de revoir un jour ton père. Au moins, à défaut de moi, tu aurais quelqu'un pour te protéger, pour assurer ton avenir, chère et pauvre enfant adorée ! ajouta madame Duval en couvrant sa fille de larmes et de baisers.

Après une tendre et longue étreinte, la jeune fille dit à sa mère en tâchant de sourire afin de la rasséréner :

— Je pourrais, cette fois, te gronder pour tout de bon, mère chérie, et te reprocher de t'alarmer, je dirais presque à plaisir; car, avant-hier encore, M. Bonaquet, à qui je reprochais la rareté croissante de ses visites, m'a répondu avec sa brusquerie ordinaire que nous devions nous trouver encore bien heureuses qu'il vînt nous voir, car il regardait ses visites comme de véritables visites de luxe, puisque ta santé était complètement remise, et qu'il ne s'agissait plus à cette heure, pour toi, que de quelques observances de régime, et de prendre régulièrement de l'exercice. Aussi, mère chérie, tu vas t'apprêter pour notre promenade ordinaire du Jardin-des-Plantes, (soit dit entre parenthèses). Enfin, M. Bonaquet assure qu'à la fin du printemps, tu seras ingambe comme à quinze ans.

— Et je dois avouer, mon enfant, que je me sens de mieux en mieux. Mes forces renaissent ; l'exercice ne me fatigue pas, je dors à merveille, et si...

— Si tu étais raisonnable, si tu ne te tourmentais pas sans motif, ta santé reviendrait plus vite encore.

— Mon Dieu ! je le sais bien, mon enfant ; je t'attriste parfois, et malgré moi, car, après tout, notre position ferait l'envie de tant d'autres personnes ! Nous vivons l'une pour l'autre. Grâce à toi le temps passe comme par enchantement. Ma pension de veuve d'un colonel et le placement sur hypothèque d'une centaine de mille francs qui seront un jour ta dot, nous assurent plus que de l'aisance. Aussi, chère enfant, si tu voulais seulement songer à te marier....

— Mère chérie, — reprit Clémence en souriant, — jamais nous ne nous entendrons à ce sujet-là. Bien souvent je te l'ai dit, la vie et l'avenir d'une *vieille fille* ne m'effraient pas du tout. C'est une vie calme, libre et retirée, comme il me la faut. Les arts et la lecture m'offriront toujours plus de distractions que je n'en pourrai désirer. Puis enfin, et surtout, quant au présent, mon cœur est plein de toi, et il n'y aurait pas la moindre petite place pour une autre affection.

— On dit toujours cela à ton âge, ma pauvre enfant, et puis plus tard...

— Plus tard? Non, non! crois-moi, mère chérie, je n'admets pas qu'il y ait au monde une créature plus heureuse que moi, (quand je ne te vois pas te chagriner sans raison, bien entendu). Et, aussi vrai que je t'aime et que je te vénère, seul serment que je puisse te faire, je n'ai pas un désir, je ne forme pas un vœu, pas un projet, qui tende à autre chose qu'à concentrer davantage encore, s'il est possible, notre vie entre nous deux.

— Chère enfant, je te crois, je te crois! il n'est pas au monde un cœur meilleur ni plus sincère que le tien.

— Va, mère chérie, aux cœurs bons et sincères Dieu réserve le bonheur. Aussi notre avenir ne m'inquiète nullement, je t'assure. Et avoue, ajouta Clémence en souriant, avoue qu'il me faut pour cela une robuste foi en nous deux, car si j'en croyais ceux qui prétendent savoir lire dans le livre du destin...

— Comment?

— Tu ne te rappelles pas?...

— Quoi donc, mon enfant?

— Il y a environ dix-huit mois, lors de ta grande maladie, cette diseuse de *bonne aventure* auprès de laquelle tu avais absolument voulu m'envoyer, pauvre mère chérie, afin que j'interrogeasse cette devineresse sur le sort de mon père...

— Tiens, Clémence, ne me parle jamais de cela, tu me rends honteuse. C'était absurde de ma part, et il a fallu ton dévouement filial aux caprices d'une malade souffrante et nerveuse comme je l'étais alors, pour vaincre ta légitime répugnance à aller consulter cette folle. Mon Dieu! quand j'y songe! t'avoir exposée à entendre ces prédictions, absurdes il est vrai, mais qui auraient pu cruellement frapper un esprit moins sage que le tien.

— Oh! maman, ne me fais pas plus brave que je ne l'ai été; j'ai eu, je te l'avoue, dans le premier moment, une peur horrible! Ce sont moins peut-être les vagues et sinistres prédictions de cette pauvre femme, que je crois à moitié folle, et qui, comme ses pareilles, cherche avant tout à frapper l'imagination des personnes assez candides pour les consulter; ce sont moins ses prédictions qui m'ont effrayée que l'espèce de convulsion où je l'ai vue tomber après nous avoir prédit ces belles choses, à moi et à une autre curieuse, une femme de chambre, je pense; mais celle-là faisait l'esprit fort et riait de tout son cœur. Peut-être l'aurais-je imitée sans mes vives inquiétudes d'alors sur ta santé, et sans le motif grave qui, après tout, me conduisait chez cette devineresse, puisqu'il s'agissait de la consulter sur le sort de mon père.

L'entretien de madame Duval et de sa fille fut interrompu par une servante qui apportait un paquet assez volumineux, enveloppé de toile cirée.

— Qu'est-ce que cela, Clarisse? — lui dit la veuve du colonel.

— Je ne sais pas, madame; c'est un monsieur qui vient de l'apporter. Il a demandé si madame était chez elle ; j'ai répondu que non, parce que madame ne reçoit personne. Alors ce monsieur a laissé ce paquet avec sa carte.

Madame Duval prit la carte. On y lisait : *Anatole Ducormier*. Et au-dessous, écrit au crayon : *De la part de mademoiselle Emma Levasseur.*

— Je comprends, — dit vivement Clémence, — ce sont, — j'en suis certaine, les étrennes que cette chère Emma m'envoie chaque année depuis qu'elle est en Angleterre.

— Certainement, c'est cela, — dit madame Duval ; — elle aura profité d'une occasion pour te les faire parvenir.

— Vite, vite, Clarisse ! — dit Clémence avec une impatience enfantine, — ouvrez vite ce paquet ! Il renferme sans doute aussi une lettre d'Emma.

La servante ayant déballé le paquet, Clémence y trouva en effet une lettre qui accompagnait deux des splendides keepsakes que les libraires de Londres font paraître chaque année.

— Oh! les beaux livres! — dit madame Duval en examinant les keepsakes, pendant que sa fille décachetait en toute hâte la lettre de son amie.

— Quel bonheur! — dit vivement la jeune fille; — il y a huit grandes pages de la fine écriture d'Emma. Voyons seulement les dernières lignes, afin que je sache si elle se porte bien. Oui, et elle termine ainsi : « Rappelle-moi au souvenir de ta chère et « excellente mère; réitère-lui l'assurance de « mon respectueux attachement. Je t'em- « brasse de tout cœur. *Emma.* »

— Mais, mon enfant, pourquoi ne lis-tu pas cette lettre tout de suite ?

— Comment, mère chérie, pourquoi ? Et notre promenade ! nous devrions être déjà parties depuis une demi-heure. Allons, vite, Clarisse, le manchon et le manteau de maman, car il gèle très-fort.

Pendant que la servante était allée chercher le manteau, madame Duval dit à sa fille :

— Pourvu qu'Emma se plaise toujours chez lord Wilmot ! La position d'une institutrice est toujours si délicate, et quelquefois si pénible chez certaines personnes !

— Oh ! maman, Dieu merci, lord et lady Wilmot, ainsi que leur fille, sont parfaits pour cette chère Emma. Elle se loue toujours de leurs excellents procédés, et si ce n'était l'ennui d'habiter en pays étranger, Emma, d'après ses lettres, ne se serait jamais trouvée plus heureuse.

La servante ayant apporté le manteau de madame Duval, Clémence, après mille précautions prises contre la rigueur du froid qui pouvait incommoder sa mère, lui donna le bras, et toutes deux se dirigèrent vers le Jardin-des-Plantes pour y faire leur promenade accoutumée.

. . . .

Un coup de la béquille magique du *Diable boiteux* nous transportera dans un quartier tout opposé : au faubourg Saint-Germain.

V.

V

Un magasin de *mercerie, ganterie* et *parfumerie*, sous le nom du GAGNE-PETIT, établi depuis nombre d'années dans la rue *du Bac*, était, à l'époque de ce récit, exploité par M. *Joseph Fauveau* et sa femme, successeurs de DUCORMIER, ainsi que l'enseigne de la boutique l'apprenait au public.

A peu près à la même heure où la veuve du colonel Duval avait avec sa fille l'entretien que nous avons rapporté, les scènes suivantes se passaient dans le magasin du *Gagne-petit*.

Madame Fauveau, la parfumeuse, jeune femme de vingt-deux ans, était assise à son comptoir. Il serait difficile de s'imaginer une brune plus piquante et plus avenante, des cheveux plus noirs et plus lustrés, des yeux plus brillants et plus éveillés, des joues plus rondes et plus roses, une taille plus fine et plus voluptueusement cambrée.

Maria Fauveau savait qu'elle était jolie, délicieusement jolie, et que, depuis la rue du Bac jusqu'au fin fond de la rue de Grenelle, on connaissait de réputation, mais de bonne réputation, la charmante parfumeuse, car chacun pouvait venir, sous prétexte d'acquisition de gants, bretelles, savon ou essences, admirer cette beauté fine et piquante, mais chacun s'en retournait avec son admiration. Jamais la médisance n'avait effleuré la renommée de Maria Fauveau ; avenante et souriante, toujours de bonne et gentille humeur, elle désespérait les galants en accueillant leurs déclarations avec une gaîté moqueuse et d'autant plus redoutable que ces galants éconduits, la jolie parfumeuse riait de tout son cœur avec son mari, qu'elle adorait ; et elle avait grand'raison, car c'était la bonté, la franchise personnifiées, que Joseph Fauveau, beau et grand garçon d'ailleurs, d'une physionomie ouverte et sympathique.

Disons enfin que Maria, douée de beaucoup de naturel, n'avait reçu qu'une éducation fort négligée, ayant toujours vécu dans un milieu de petite bourgeoisie, honnête et laborieuse, mais très-vulgaire. La jeune femme ne possédait donc pas cette réserve de paroles, cette distinction de manières que d'autres enseignements et un autre entourage lui eussent nécessairement donnés ; aussi montrait-elle souvent la verve joyeuse et sans façon d'une grisette raffinée par quelque éducation.

Madame Fauveau se trouvait donc ce jour-là à son comptoir, tantôt s'occupant des écritures de son commerce, tantôt servant sa nombreuse clientèle.

La dernière pratique qui venait d'entrer

dans la boutique était un homme de cinquante ans environ, mis avec une certaine recherche, ayant les cheveux gris, une physionomie rusée, l'œil fin, pénétrant, et des manières fort convenables.

— Que désire monsieur? — demanda Maria Fauveau en s'interrompant d'écrire.

— Un pain de savon, madame.

— A la rose ou aux amandes, monsieur?

— Comme il vous plaira, madame.

— Dame! monsieur, c'est vous qui vous servirez de ce savon: le choix vous regarde.

— Choisi par vous, madame, il me semblera meilleur.

— Ah! monsieur, c'est trop galant, — répondit en souriant la jolie parfumeuse. — Alors, prenez ce savon aux amandes amères ; il est de plus de durée que l'autre.

— En ce cas, madame, donnez-moi l'autre, afin que j'aie plus tôt l'occasion de revenir ici.

— Usez-le donc bien vite, monsieur, et revenez le plus souvent possible, — reprit gaiement madame Fauveau. — Dieu merci ! les savons ne manquent pas. Voici le petit paquet, monsieur. C'est quinze sous.

L'homme aux cheveux gris tira de sa poche un portefeuille, le posa sur le comptoir, l'ouvrit, en tira un nombre assez considérable de billets de banque qu'il se mit à feuilleter avec affectation, et se dit comme en se parlant à soi-même :

— Je croyais avoir là un billet de 500 francs, mais non, non, ce ne sont que des billets de mille francs.

— Comment, monsieur, changer un billet de mille francs pour payer un pain de savon de quinze sous ? — dit madame Fauveau, — vous n'y songez pas ! D'abord je n'aurais pas de quoi vous rendre, et puis nous faisons toujours crédit aux pratiques..... *respectables*.

Cette épithète de *respectable* adressée au galantin suranné fut accompagnée d'un malin sourire de Maria.

— Mais j'y songe, — reprit l'homme aux

cheveux gris, qui d'un regard sournois tâchait de deviner sur la physionomie de la jeune femme si elle était éblouie de la somme assez considérable qu'il venait de lui montrer, — mais j'y songe, j'ai de l'or.

Et il tira de sa poche une longue bourse de soie verte, gonflée d'environ deux cents louis, dont une grande partie, par une maladresse calculée, tombèrent avec un attrayant tintement sur le portefeuille laissé sur le comptoir. L'homme aux cheveux gris, observant toujours sournoisement Maria Fauveau, fit de nouveau bruire l'or en le remettant dans la bourse, moins un louis, qu'il poussa du bout du doigt en disant :

— Ayez l'obligeance, madame, de me rendre.

La jolie parfumeuse, contraignant assez difficilement son envie de rire, causée par l'affectation de cet homme à faire montre de ses billets et de son or, lui rendit néanmoins la monnaie de son louis avec un sérieux parfait.

L'homme aux cheveux gris, au lieu de prendre cette monnaie, parut se raviser et reprit de l'air du monde le plus naturel :

— Madame, voulez-vous être assez bonne pour me rendre un service ?

— Certainement, monsieur ; lequel ?

— Je vais de ce pas au *Musée* ; il y a souvent dans la foule des amateurs curieux de tâter ce que les autres ont dans leurs poches; veuillez me garder ces billets et cet or avec mon pain de savon ; je reprendrai le tout en passant dans une heure.

Quoique la proposition fût assez étrange, car le Musée n'était pas encore ouvert (circonstance ignorée d'ailleurs par Maria), celle-ci, d'abord assez surprise, mais ne supposant aucune arrière-pensée à cet homme *respectable* répondit ingénuement :

— Je ne vois pas d'inconvénient à faire ce que vous me demandez, monsieur, et puisque vous le désirez, je garderai cet argent pendant une heure. Vous savez combien il y a dans la bourse et dans le portefeuille, n'est-ce pas ?

— Oui, madame, il y a quatorze mille francs en billets et deux cents louis en or.

— Total, dix-huit mille francs, que je vais mettre dans le tiroir de ma caisse, en attendant votre retour, monsieur.

Et la jeune femme mit en effet l'or et les billets dans son comptoir, ainsi que le pain de savon.

— Mille et mille remercîments madame, — dit l'homme aux cheveux gris en saluant avec une extrême politesse et se dirigeant vers la porte.

— A votre service, monsieur, — répondit Maria en se remettant à son livre de comptes.

L'homme aux cheveux gris avait à demi ouvert la porte pour sortir, lorsqu'il la referma comme par réflexion, et revenant se placer devant le comptoir, auprès duquel il s'assit sur une chaise vacante, il dit :

— Madame... un mot s'il vous plaît ?

— Tiens ! — reprit Maria en le regardant avec étonnement, — vous n'allez donc plus au Musée maintenant, monsieur.

— Si fait, madame, j'y vais aller tout à l'heure, mais avant... je désire seulement vous adresser une question.

— Voyons la question, monsieur ?

— Vous souvenez-vous, madame, il y a de cela six semaines environ, vous souvenez-vous d'avoir vendu une paire de gants à un monsieur d'une tournure encore très-jeune et très-élégante, quoiqu'il soit d'un âge... mûr !

— Une paire de gants ? Il y a six semaines? — dit Maria assez étonnée, tout en cherchant à se rappeler ces particularités. — Ma foi, non, monsieur, je ne m'en souviens pas; mais est-ce que ce monsieur n'en a pas été content, de ses gants?

— Il en a été si content, madame, que le lendemain il est revenu en acheter une autre paire.

— A la bonne heure, voilà une fameuse pratique ! Mais je ne me rappelle pas du tout ce monsieur-là.

— Voyons, cherchez bien, ma chère madame : un monsieur très-mince, d'une figure encore fort agréable, et portant un ruban de plusieurs ordres à sa boutonnière, car c'est un très-grand seigneur, un prince, et d'ailleurs, chaque jour, en se rendant à la chambre des pairs, car il est aussi pair de France, il passe exprès par cette rue-ci, quoique ce ne soit nullement son chemin.

— Eh bien alors, si ce n'est pas son chemin, pourquoi ce brave monsieur passe-t-il par la rue du Bac?

— Pour s'arrêter devant votre magasin, ma chère madame Fauveau, pour avoir le bonheur de vous contempler un instant ; allons, franchement, vous avez dû le remarquer.

— Ah! bien oui! j'ai bien autre chose à faire que de regarder les passants!

— Le prince n'en est alors que plus malheureux, ma chère madame Fauveau, car il espérait être connu de vous... de vue du moins.

— Et à quoi ça lui aurait-il servi, à ce monsieur, que je l'eusse connu de vue ?

L'homme aux cheveux gris reprit à demi-voix et d'un ton mystérieux et insinuant :

— Si le prince avait eu le bonheur d'être remarqué par vous, ma chère madame Fauveau, vous trouveriez moins brusque peut-être la proposition... que j'ai à vous adresser... de sa part... car... en vérité, à vous parler franchement, vous n'êtes pas faite pour tenir un magasin.

— Moi, monsieur ? je voudrais savoir un

peu ce qui me manque pour ça, par exemple !

— Au contraire, ma chère madame Fauveau, vous avez trop...

— Comment! j'ai trop!

— Eh! oui, vous avez trop d'attraits, trop de beauté, trop de grâces pour les enterrer dans une misérable boutique. Allons donc! madame, cela fait pitié! Votre véritable place... savez-vous où elle est? Dans un charmant petit hôtel, avec voiture, loges aux spectacles, diamants, toilettes de duchesse; avec tout ce qui est digne enfin d'une charmante femme comme vous. Or, ma chère madame Fauveau, cette vie délicieuse, vous l'aurez quand vous le voudrez.

— Ah bah !...

— Quand vous voudrez ! Pour cela, vous n'aurez qu'un mot à dire.

— Vraiment, monsieur ? Il serait possible !

— Encore une fois, ceci dépend de vous, un *oui* ou un *non* à dire.

— Un *oui*, ou un *non* ? pas davantage ? — dit Maria en faisant une petite mine étonnée, la plus gentille du monde. — Mais écoutez donc, monsieur, savez-vous au moins que ça mérite réflexion, ce que vous me proposez là !

— Je crois bien !

— Ah çà ! ce que vous me promettez là,

mon digne monsieur, c'est sûr? c'est *pour de bon?*

— Vous aurez, ma chère madame Fauveau, toutes les garanties désirables.

— A la bonne heure! car, voyez-vous, ça ne serait pas gentil de se moquer du pauvre monde. Ainsi, en disant *oui*, il est bien entendu qu'il dépend de moi d'avoir un hôtel, un équipage, des diamants, des loges aux spectacles, des toilettes de duchesse... et quoi encore?... Je ne me rappelle plus.

— Vous aurez naturellement votre maison montée et meublée : linge, argenterie, etc., etc.; mille écus par mois pour votre dépense, et vingt-cinq mille francs pour votre trousseau.

— Mais savez-vous que c'est superbe, cela, mon respectable monsieur! Jugez donc, mon mari et moi qui n'avons pour logement que deux petites pièces à l'entresol; qui ne prenons un fiacre que dans les grands jours, et qui allons au plus une fois par mois au spectacle, et à la galerie!

— C'est indécent, ma pauvre madame Fauveau! Une ravissante femme comme vous, à la galerie!

— Oui, monsieur, et à la seconde galerie encore!

— A la seconde galerie! Dieu du ciel!

— Et des diamants, mon honorable monsieur, des diamants! Moi qui n'ai, pour tout potage, qu'une broche et une paire de boucles d'oreilles en amétysthe.

— Pauvre chère petite femme, des bijoux en améthyste ! Mais c'est ignoble !

— Et mille écus par mois ! Quand mon mari, ma petite fille, moi et ma bonne, nous dépensons quinze cents francs par an, au plus !

— Juste les gages que vous donnerez à votre femme de chambre, ma pauvre madame Fauveau.

— J'aurai donc aussi une femme de chambre ?

— Parbleu ! au moins une. Et de plus valet de pied, cocher, cuisinier.

— Un cuisinier! moi qui me brûle souvent les doigts à faire griller des côtelettes, quand notre bonne n'est pas là.

— Ah! madame, — dit l'homme aux cheveux gris, avec un accent de compassion courroucée, — ces mains, ces mains charmantes, toucher à des côtelettes! Ah! fi, fi! quel indigne outrage à la beauté! cela crie vengeance!

— Le fait est que j'aime mieux faire de la crème au chocolat. C'est mon triomphe, et au moins on ne se brûle pas les doigts. Mais dites-moi, mon vénérable monsieur, puisque j'aurai un cuisinier, j'espère bien qu'il saura faire les omelettes au jambon?

— Parbleu!

— Je vous demande cela, voyez-vous, parce que Joseph les adore.

— Qui, Joseph? — demanda l'homme aux cheveux gris, tout ébahi, — quel Joseph?

— Pardi, le mien ! le Joseph chéri à sa petite femme.

— Le Joseph... chéri?

— Eh! mon mari, donc!

— Votre mari, Madame? Comment! votre mari?

— Eh bien! oui.

— C'est sérieusement que vous me dites cela?

— Ah çà! entendons-nous. Vous me demandez, n'est-ce pas, si c'est sérieusement que je vous dis que Joseph adore l'omelette au jambon?

— Mais non, mais non, je vous demande si vous croyez que... que... votre mari consentirait à partager l'existence que je suis chargé de vous offrir?

— Comment! s'il consentirait à avoir hôtel, équipage, cuisinier, femme de chambre, argenterie, etc., etc., car il y a beaucoup d'*et cœtera* dans vos promesses... Il faudrait qu'il fût joliment difficile, mon Joseph chéri, pour refuser ces belles offres.

— Après tout, — se dit l'homme aux cheveux gris avec un sourire dédaigneux et sardonque, — ça s'est vu des maris comme ça. Puis il reprit tout haut : — Pourtant, ma chère madame Fauveau, un mari, ce serait toujours gênant, malgré toute la complaisance que pourrait avoir cet excellent M. Fauveau. Vous m'entendez bien, ma chère madame Fauveau, car vous avez de l'esprit comme un lutin. Or, à propos de la gêne qu'apporte toujours un mari, fût-il de la meilleure volonté du monde, le prince avait songé à une excellente combinaison : comme il a un grand crédit chez les ministres, il s'est précautionné d'une place de commis à cheval dans les droits réunis... à *Tarbes.*

— A Tarbes, mon vénérable monsieur?

— Oui, à Tarbes, Hautes-Pyrénées, à deux cents lieues d'ici. Il serait censé que le titulaire de la place en question reprendait, en échange, votre magasin. Tout serait à ce sujet parfaitement arrangé ; on trouverait moyen d'amener le brave Fauveau à accepter. Le prince vous expliquera d'ailleurs tout cela lui-même, ce soir, si vous y consentez, au bal de l'Opéra.

— Moi, au bal de l'Opéra ? dit gaiement la jeune femme, — en voilà bien d'une autre, à présent.

— Écoutez-moi attentivement, ma chère madame Fauveau ; votre mari est de garde aujourd'hui ?

— Comment ! — dit Maria, très surprise et presque inquiète de voir cet homme si bien renseigné, — vous savez ?...

—Nous savons tout. Votre mari ne reviendra donc ici que demain matin ; vous avez à vous la nuit tout entière ; vous demeurez seule à l'entresol, ici au-dessus ; votre bonne couche au cinquième étage.

— Ah ! vous savez aussi que ma bonne...

— Nous savons tout. Nous avons donc la nuit à nous. Or, à une heure du matin, rien ne vous sera plus facile que de descendre dans votre boutique ; je serai à votre porte avec un fiacre et un domino tout préparé ; vous l'endosserez, je vous conduirai au bal de l'Opéra ; le prince a une loge retenue d'avance ; là vous verrez ce digne et cher seigneur, vous causerez avec lui, il vous dira tous ses projets ; il a tout prévu, même le cas où il n'y aurait pas moyen de faire accepter à votre mari la place de commis à cheval, et où il tiendrait absolument à garder son magasin à Paris ; le prince vous proposerait alors autre chose. Enfin, vous l'entendrez, et vous verrez que c'est le meilleur, le plus charmant et le plus généreux des princes. Sans doute il n'est plus de la première jeunesse...

— Ni de la seconde, ni de la troisième peut-être, hein ! mon respectable monsieur?

— Je ne veux pas vous tromper : il a la cinquantaine ; mais si bien conservé, si soigné ! Enfin vous le verrez. Vous avez d'ailleurs trop de bon sens, ma chère dame Fauveau, pour ne pas comprendre que l'attachement d'un seigneur d'un âge mûr est bien autrement solide et surtout fructueux que l'amour d'un tas de jeunes godelureaux bons à perdre les femmes, rien de plus. Enfin, tout ce que je puis vous assurer, c'est que je n'ai jamais vu le cœur et la générosité du prince se démentir, moi qui depuis vingt-cinq ans ai l'honneur d'être à son service comme homme de confiance.

— Ah ! — dit Maria en interrompant l'homme aux cheveux gris, — il y a vingt-cinq ans, mon bien digne monsieur, que vous avez l'honneur... de... Je vous en fais mon compliment.

Quoique assez surpris de l'expression des traits de la jeune femme en lui adressant cette dernière parole, l'homme aux cheveux gris continua :

— Allons, ma chère madame Fauveau, c'est entendu, n'est-ce pas? A une heure du matin, je serai à la porte de votre magasin avec un fiacre et un domino. Vous voyez quelle réserve y met le prince: il aurait pu vous demander une entrevue dans sa petite maison, car il en a une délicieuse, comme les grands seigneurs d'autrefois. Vous la verrez. Mais pour vous rassurer, il a préféré choisir un terrain neutre, l'Opéra, où vous pourrez convenir de tout avec lui. Quant aux dix-huit mille francs que vous avez là, vous les garderez: ce sera une des garanties qui vous prouveront, je l'espère, que vous devez avoir toute confiance dans les promesses que je vous fais au nom du prince.

Après avoir silencieusement écouté *l'ami*

du prince, Maria prit dans son tiroir l'or et les billets de banque, les déposa sur le comptoir et dit avec un froid dédain, en regardant l'homme aux cheveux gris bien en face :

— Tenez, mon respectable et très honorable monsieur, quoique vous fassiez un bien ignoble métier pour votre âge, je ne voudrais pas, à cause de votre âge même, voir mon Joseph chéri vous appliquer la meilleure, la plus solide, la plus belle *rincée* que vous ayez probablement reçue depuis vingt-cinq ans que vous avez l'*honneur* d'être le *courtier* de votre prince dans les honnêtes marchés dont vous vous chargez pour lui.

Stupéfait de ce brusque retour, l'homme aux cheveux gris se leva brusquement et s'écria :

— Mais, madame....

— C'est comme je vous le dis là, mon digne et obligeant monsieur. Si mon mari rentrait, je trouverais très drôle de lui raconter la chose en votre présence. Alors, vous concevez de quelle indigne *râclée* il vous gratifierait; car le Joseph chéri à sa petite femme est fort comme un Turc, et il vous l'apprendrait, si vous ne le saviez pas, vous qui *savez tout*. Il est de garde c'est vrai, mais il doit venir dîner au magasin. Voici trois heures et demie, il ne peut maintenant beaucoup tarder. Voyez si vous voulez l'attendre, mon vénérable monsieur.

— Croyez-moi, ma chère madame Fauveau, — reprit imperturbablement l'homme aux cheveux gris, — ne cédez pas à un premier mouvement ; vous le regretteriez. Suivez mon conseil, réfléchissez, et en attendant, gardez toujours cet argent; vous me le rendrez plus tard. Au revoir. En tous cas, je serai cette nuit à une heure à la porte de votre boutique.

Et l'ami du prince se leva.

— Monsieur, — dit vivement Maria, — du moins emportez cet argent !

— Bon ! il sera toujours temps de me le rendre.

Et l'homme aux cheveux gris mit la main au bouton de la porte.

—Monsieur,—dit vivement la jeune femme avec inquiétude, car pour rien au monde elle n'aurait voulu conserver ce honteux dépôt, — eh bien ! écoutez-moi.

— Que désirez-vous, chère madame Fauveau ?

— Puisque vous voulez absolument que je garde cet argent, j'y consens. Seulement, faites-moi le plaisir d'envelopper vous-même la bourse et le portefeuile dans ce papier, et de nouer le tout avec ce ruban.

— Mais, — dit l'homme aux cheveux gris d'un air soupçonneux, — pourquoi faire cela ?

— Comment ! — reprit Maria avec un engageant sourire, — Voilà déjà votre complaisance à bout, vous qui promettiez des *monts d'or ?* Et vous voulez que je vous croie ?

— J'en étais sûr, — pensa l'*ami du prince :* — elle se ravise.

Et ne voyant aucun motif pour refuser ce qu'on lui demandait, il enveloppa l'or et les billets, pendant que la jeune femme, sans être vue, tirait un cordon de sonnette placé dans un coin du comptoir et qui communiquait à l'entresol.

Au moment où l'*ami du prince* terminait de nouer le ruban qui reliait le paquet, une jeune servante entra.

— Louise, — lui dit Maria, — vous savez bien où est l'église des Missions-Étrangères?

— Oui, madame, ici tout près.

— Tenez, prenez ce paquet.

Et elle le retira des mains de l'homme aux cheveux gris, qui d'abord la regarda faire avec ébahissement.

— Vous savez qu'auprès de la porte, il y a un tronc pour les pauvres ?

— Oui, madame.

— Eh bien ! Louise, vous y mettrez ce paquet. Ce sont quelques petites charités que ce digne monsieur veut donner aux pauvres du quartier et...

— Diable ! un instant, — dit vivement l'homme aux cheveux gris, en reprenant le paquet des mains de la servante, — on n'est point charitable à ce point !...

— Alors, mon digne monsieur, — reprit

Maria en souriant, — faites vos commissions vous-même, cela vaudra mieux.

Deux *pratiques*, entrant pour quelques emplettes, forcèrent l'homme aux cheveux gris de déguerpir en emportant son argent, ce qu'il fit non sans dire tout bas à Maria :

— Vous réfléchirez ; à une heure du matin je serai à votre porte.

— Monsieur, monsieur, — dit gaîment et tout haut la jeune femme, tout en servant ses pratiques, — votre pain de savon que vous oubliez ; si vous avez besoin d'autre chose, brosses à dents, blaireaux pour la barbe, parfumerie, pensez à nous, s'il vous plaît, monsieur ; nous serons toujours bien contents, moi et mon mari, de vous servir en conscience et de notre mieux.

L'*ami du prince* sortit, assez désappointé, mais non rebuté. Il est des gens complètement aveugles et obtus à l'endroit du désintéressement et de l'honneur.

Les acheteurs servis par la jeune femme la laissèrent seule ; elle reprit son livre de comptes et se dit tout en écrivant :

— Voyons ! faut-il raconter cela à Joseph, quand il va venir, et en rire avec lui comme de tant d'autres bêtes de déclarations ? j'en ai bien envie. D'un autre côté, il y a là une offre d'argent qui est ignoble, et il pourrait se chagriner en songeant seulement qu'on a osé me la faire, cette offre. Que décider ? Ma foi, demain je dirai tout à maman ; c'est une fameuse tête ; elle me conseillera pour le mieux, au sujet de ce que dois ou non dire à Joseph.

Puis, la jeune femme se remettant à son livre de commerce, se mit à fredonner gaîment, tout en écrivant, les paroles suivantes sur un air et un rhythme impossibles, bien entendu :

—*Ce n'est pas le tout d'aimer son Joseph chéri, la, la, la! tra, deri, dera!*

D'avoir confiance en lui, de ne lui rien cacher, deri, dera!

Il faut encore prendre garde de le chagriner, la, la! deri, dera!

Même par bonne intention, deri, dera!

À ce moment une voix sonore et joyeuse,

qui de son côté fredonnait aussi un tra, deri, dera ! se fit entendre derrière les carreaux de la porte du magasin. Elle s'ouvrit du dehors, et M. Joseph Fauveau, grand et beau garçon de cinq pieds sept pouces, entra vêtu de son uniforme de garde national, rehaussé de buffleteries d'une irréprochable blancheur. Faisant alors le salut militaire, en portant le revers de sa main à son formidable *ourson*, moins noir que ses épais favoris, il s'arrêta au seuil de sa boutique, en disant :

— Salut et honneur à ma jolie petite femme !

VI

VI

Telle était Maria Fauveau, la *petite bourgeoise vulgaire*. Vulgarité naïve et charmante, qui laissait un libre et joyeux essor aux plus nobles élans du cœur, aux plus vives saillies de l'esprit ; vulgarité mille fois préférable à la réserve, à la distinction des manières, lorsque par ces raffinements d'une éducation oisive, la distinction devient de la sécheresse et de la raideur, la réserve de la dissimulation ou de la fausseté.

— Salut et honneur à ma jolie petite femme ! — avait dit Joseph Fauveau en entrant dans le magasin.

La jeune femme, à la vue de son mari, frappa joyeusement dans ses petites mains, et *coupant au court*, légère, souple et pétulante comme une chatte, s'élança d'un bond de son fauteuil sur le comptoir, et du comptoir à terre. Dans cette dernière et rapide évolution gymnastique, la robe de Maria laissa voir la naissance d'une jambe divine, chaussée d'un brodequin noir digne de Cendrillon ; exhibition involontaire qui arracha cette exclamation à Joseph Fauveau :

— Sapristi !

— Il n'eut pas le temps d'en dire davantage, car les deux jolis bras de Maria s'enlacèrent à son cou.

— Es-tu folle, va, petite Maria ! — dit Joseph après avoir répondu aux caresses de sa femme ; — sauter par-dessus ce comptoir ! risquer de tomber, de te faire mal !

— C'était trop long de prendre la grande route, mon chéri, — reprit Maria en riant comme une folle, — j'étais pressée d'arriver. Allons, d'abord débarrasse-toi de ton bonnet à poil.

Et se dressant sur le bout de ses jolis pieds, Maria décoiffa Joseph de son ourson, puis posa ensuite, pendant un instant, ledit ourson sur sa tête, de sorte que le joli visage de madame Fauveau disparut presque entièrement sous la noire fourrure, et que Joseph ne vit plus que le bout du nez rose et la bouche vermeille de la rieuse, dont les petites dents blanches brillaient comme de l'émail.

Le mercier, franc rieur, partagea l'hilarité de sa jeune femme. Cet accès de gaîté calmé, il dit à Maria, qui, après avoir déposé l'ourson sur une chaise, regagnait son comptoir :

— Quel *Roger Bontemps* tu fais, va !

— Tiens ! pourquoi donc que je ne serais pas un *Roger Bontemps*, puisque, grâce à toi, je n'ai que du bon temps ? — reprit Maria en se remettant à son livre de commerce et reprenant sa plume — mais assez de bêtises!

Débarrasse-toi de tes armes, ô fameux guerrier, et tiens-toi tranquille. Je me suis donnée pour tâche de finir mes comptes avant dîner. Et à propos de comptes, tu es encore un joli garçon, toi !

— Comment ?

— Un fier banquier, je m'en vante !

— Que veux-tu dire ?

— Pardi ! Tu me crédites sur ton livre de 267 fr. pour notre dépense des deux mois passés, et tu me les a donnés il y a quinze jours, ces 267 francs.

— Pas du tout !

— Mais si fait !

— Je te dis que non !

— Mais, vilain entêté, — reprit Maria en frappant le plancher de son petit pied, — la preuve que tu m'as donné ces 267 francs pour la dépense, c'est que les voici inscrits sur mon livre à moi. Ah! ah! qu'as-tu à répondre à cela, hein?

— Mais, madame la têtue, la preuve que tu te trompes, c'est que j'ai trouvé dans mon tiroir 267 francs de plus que mon compte.

— Eh bien! C'est que tes pièces de cent sous auront fait des petits, voilà tout. Après tout, elles doivent tant s'ennuyer ensemble dans ce tiroir, que ça leur est bien permis de faire des petits, — ajouta Maria en se reprenant à rire aux éclats. — Tout ce que je peux t'assurer, c'est que tu ne me dois rien...

— Et moi je suis sûr que, comme toujours,

tu te trompes à ton désavantage. Ah! mais pourtant... attends donc, — dit Joseph Fauveau en réfléchissant ; — attends donc ; tu as ma foi, raison!... Je me rappelle avoir prêté trois cents francs il y a six mois à Bonaquet ; il me les a rendus, je ne les ai pas inscrits, voilà ce qui fait la différence !

— C'est encore un joli garçon que ton affreux ami le docteur Bonaquet ! Je dis affreux au figuré ; car c'est un bien bon enfant, et il ferait descendre les oiseaux des arbres pour l'entendre parler. Mais enfin voilà deux mois que nous ne l'avons pas vu.

— Il est si occupé ! il travaille tant ! Et puis il a été nommé médecin de l'Opéra.

— Tiens, tiens, tiens ! l'Opéra est donc malade?

— Es-tu rieuse, va! Mais c'est cela, l'argent que Bonaquet m'a rendu faisait mon erreur, tu avais raison...

— Voilà pour vous apprendre à n'avoir pas plus de tête qu'un pierrot, monsieur Fauveau, — dit Maria, en donnant du bout de ses doigts roses une chiquenaude sur le nez de Joseph. Mais celui-ci saisit au vol la main de la donneuse de chiquenaude, et, pour se venger, prit entre ses dents le bout des petits doigts de sa femme et les mordilla doucement.

— Joseph, finis donc! — dit vivement la jeune femme, en retirant sa main. — Si quelqu'un entrait!

— Eh bien, quoi? L'on verrait un mari

qui baise la jolie petite main de sa jolie petite femme, et voilà !

— C'est gentil, monsieur !

— Je crois bien que c'est gentil ! — reprit Joseph en regardant amoureusement Maria. — Oh ! oui, c'est gentil, et c'est aussi bon que gentil, une petite femme comme toi.

— Oh ! oui, parlons-en ! je voudrais bien savoir ce que j'ai de si merveilleux !

— D'abord tu es intrépide au travail comme un petit lion. Tu tiens nos livres de commerce mieux que ne les tiendrait un commis à dix-huit cents francs.

— Ah ! ah ! — dit gaiement Maria, — voi-là-t-il pas une belle affaire ! Est-ce que j'ai été élevée à me croiser les bras? Est-ce que je ne tenais pas les livres de mon père? Que veux-tu donc que je fasse pendant toute la sainte journée à ce comptoir? Je m'ennuierais comme une morte, puisque notre petite Joséphine ne revient de sa pension qu'à cinq heures.

— Allons, bien! — dit Joseph avec émotion. — Non, tu es une femme comme tant d'autres, n'est-ce pas? Et dans la grande maladie de ta fille, que Bonaquet a sauvée, est-ce que tu n'as pas été admirable de dévouement? Trente sept nuits sans te coucher!

— Tu vas voir que j'aurais pris une garde-malade pour veiller mon enfant! Ah çà! mais à quoi penses-tu donc, monsieur Fauvau? Qu'est-ce donc que tu as mangé ce matin à ton corps de garde? — reprit Maria en riant, — qu'est-ce que tu as? voyons, dis-le tout de suite.

— J'ai... ce que j'ai depuis que nous sommes mariés, ma bonne petite femme : un amour et une reconnaissance qui s'augmentent chaque jour.

— De l'amour, c'est permis, je vous y autorise, je vous y engage même, monsieur Fauveau, — reprit Maria d'un ton de gravité comique; — mais de la reconnaissance, c'est une farce! et je ne veux pas que tu dises de farces, mon chéri, à moins que nous ne nous mettions franchement à bêtiser, car tu sais que, pour ce qui est de rire, je ne laisse pas ma part aux autres!

— Tiens, Maria, voilà encore une chose que j'admire en toi.

— Voyons la chose. Ça va être drôle !

— Tu as le caractère le plus égal, le plus gai que je connaisse, et pourtant voilà ta vie : Habiller et soigner Joséphine, descendre à la boutique à huit heures du matin, y rester jusqu'à huit heures du soir; encore une fois, voilà ta vie de tous les jours, sauf nos dimanches et fêtes, où nous nous permettons quelques petites parties de spectacle ou de promenade.

— Ah çà, voyons, es-tu fou ! est-ce que je n'ai pas été élevée à ça ? Est-ce que toutes les femmes ne sont pas comme moi ?

—Toutes? non. Et voilà justement où je t'arrête.

— Je désire savoir si c'est en ta qualité de garde national que tu m'arrêtes ! — demanda Maria en étouffant de rire ; — alors je me rends.

—Oh! avec tes malices, tu ne m'empêcheras pas de te rendre justice. Non, les autres femmes ne sont pas toutes comme toi, car ce qui m'étonne, ce n'est pas la vie que tu mènes, mais la manière dont tu la supportes. Que diable ! je sais bien, moi, sans aller bien loin, comme sont certaines de nos voisines de la rue. Celles-là sont toujours à se plaindre, à bâiller, à rechigner ; toujours à dire à leur mari : « Ah! quelle scie que « cette boutique! Ah! que c'est ennuyeux

« d'être toujours là comme un chien à l'at-
« tache, sans jamais sortir ! Ah ! que c'est
« assommant d'être aux ordres du premier
« venu qui vient vous acheter pour deux
« sous ! Ah ! quelle vie ! n'avoir qu'un pau-
« vre dimanche à soi par semaine ! » Et toujours à grogner ainsi du 1ᵉʳ janvier au 31 dé-
cembre. Enfin, il n'y a pas jusqu'à ta mère...
la plus brave, la meilleure des femmes ; tu
sais si je l'aime ! qui était, tu l'avoueras,
malgré son bon cœur, cinq jours sur six
d'une humeur de dogue lorsqu'elle tenait
son magasin d'épiceries.

— Eh bien ! moi aussi, monsieur Joseph,
je vais être comme un vrai doguin déchaîné,
si tu ne finis pas avec tes étonnements de ce
qui est simple comme bonjour.

— Ah! tu trouves cela simple comme bonjour, toi?

— Eh! certainement! — dit la jeune femme avec vivacité. — Les uns naissent avec un caractère heureux, d'autres avec un caractère malheureux, voilà tout; les uns sont toujours à regimber contre leur sort; les autres, au contraire, se disent : « C'est comme ça? Eh bien! c'est comme ça! » Les uns cherchent tous les moyens possibles de rendre encore plus ennuyeuse, encore plus triste pour eux et pour leur entourage, une existence qui n'est pas très gaie; les autres, au contraire, tâchent de rendre gai ce qui ne l'est pas. Et puis enfin, mon bon Joseph, parlons raison, — ajouta la jeune femme avec une tendre émotion. — Qu'y a-t-il d'étonnant à ce que je sois gaie, c'est-à-dire contente, heureuse? Voyons, qu'est-ce qui me manque? Mon père et ma mère m'adorent; toi et moi nous nous aimons de tout notre cœur; notre chère petite Joséphine est un trésor de gentillesse ; nous ne sommes pas de gros boutiquiers, c'est vrai, mais nous vivons dans l'aisance, nous avons une bonne pour nous servir. Tu me gâtes tellement, que, lorsque nous sortons le dimanche, je suis, ma parole d'honneur, aussi bien mise que la femme d'un banquier. Notre commerce, la surveillance de notre ménage, ne me laissent pas une minute de vide. Tout cela me plaît, tout cela m'intéresse, tout cela m'amuse, et tu veux que je trouve le temps de m'ennuyer ou d'être triste? Tu parles d'étonnements! Et si je voulais m'étonner aussi, moi, de ce que tu ne me quittes que pour tes affaires! de ce que tu ne mets pas le pied au café! de ce que tu passes toutes tes soirées avec moi! Ah! bien oui! pas du tout! je jouis de mon bonheur comme d'une chose toute naturelle, sans être toujours à me dire : « Ah! mon Dieu! que je suis donc heureuse! Mais pourquoi donc que je suis heureuse comme ça? Voilà, sac à papier! un bonheur bien extraordinaire! Est-il extraordinaire, mon Dieu! l'est-il? Non, il n'est pas de bonheur... plus extraordinairement... extraordinaire que le mien!

Ces derniers mots furent prononcés par Maria d'un ton si drôle, si gai, elle contrefit si gentiment son mari, en levant les yeux et les mains au ciel à chaque exclamation, que

Joseph, malgré son attendrissement, ne put s'empêcher de rire aux éclats de cette plaisanterie. Puis, cette hilarité calmée, il reprit :

— Va, tu seras toujours la même ! Il n'y a pas moyen de parler sérieusement avec toi dix minutes de suite, tu ris de tout ! Enfin, quand je pense qu'il y a dix-huit mois, lorsque cette vieille folle de madame Bardou t'a mis en tête d'aller te faire dire la *bonne aventure* pour nous deux, non-seulement tu as plaisanté d'une prédiction qui aurait fait dresser les cheveux sur la tête à d'autres personnes, mais tu m'as raconté cela si drôlement… si drôlement, que moi-même je n'ai pu garder mon sérieux ! Enfin, est-ce vrai ?

— Tiens ! cette bête de femme à qui je viens demander…

Et Maria se mit à chantonner :

> La bonne aventure, ô gué !
> Et elle me répond à ça, ô gué :
> Qu'on me coupera ma tête, ô gué !
> Qu'on me coupera la tête !

Ces derniers mots furent chantonnés par Maria en nasillant d'une façon si bouffonne, et elle rit de si bon cœur, que Joseph Fauveau ne pût s'empêcher de sourire et reprit :

— Au fait, tu as raison, il vaut mieux rire que de s'attrister de si sottes prédictions.

— Pardi !

— Moi, sans être devin, ma petite, je pourrais bien te la dire, notre bonne aventure, et une fameuse, encore !

— Voyons vite, chéri!

— Que nos affaires aillent seulement bien pendant une dixaine d'années, ma chère petite femme, et tu seras récompensée comme tu le mérites. Je nous vois d'ici, jeunes encore, retirés du commerce, avec notre fille, loin de cet étourdissant Paris, dans une jolie maisonnette à la campagne, avec un jardin que je jardinerai. Hein! qu'est-ce que tu dis de ma *bonne aventure?*

— Et nous aurons une basse-cour où j'élèverai des poules? — dit Maria en frappant de joie dans ses mains. — Et j'aurai une vache?

— Tu auras une vache, oh! mais, une fameuse *laitière!* Je la ferai venir de mon pays.

— Et des pigeons?

— Et des pigeons.

— Et des lapins?

— Et des lapins. Ah! ah! madame Fauveau, cela te rend sérieuse, hein?

— Ah! pour ça, oui, mon bon Joseph, car vivre à la campagne avec toi, notre fille, mon père et ma mère (il faudra bien qu'ils nous suivent), c'est mon rêve, vois-tu, là, c'est mon rêve!

— Et le mien donc! C'est ce qui me donne tant de cœur et de courage. Oui, je me dis : Ma petite Maria n'est pas aussi heureuse que je le voudrais ; mais patience, patience ! encore une dizaine d'années, et je lui arrangerai un joli petit paradis sur la terre.

— Cher Joseph! es-tu bon, mon Dieu es-tu bon! — dit Maria cette fois sérieuse, très-sérieuse, car une larme d'attendrissement brilla dans ses grands yeux noirs, toujours si fripons et si éveillés.

Le bruit de la porte de la boutique que l'on ouvrait en dehors interrompit l'entretien de Joseph et de sa femme.

Un facteur de la poste entra, salua, déposant une lettre sur le comptoir et dit :

— Trois sous, madame, c'est une lettre pour M. Fauveau.

Pendant que le mercier tirait de son gousset la monnaie nécessaire au paiement du facteur, qui sortit bientôt, la jeune femme examinait curieusement la lettre que l'on venait d'apporter ; puis, l'approchant de son petit nez, et enflant ses narines roses et dilatées, elle dit gaîment :

— Peste ! monsieur Fauveau, quelle correspondance embaumée tu as là ! Un cachet de cire mordorée, avec une enveloppe de papier bleuâtre et épais comme je n'en ai jamais vu. Du reste, l'adresse est d'une bien jolie écriture. Ah ! ah ! monsieur Fauveau, qu'est-ce que ce joli poulet-là, s'il vous plaît?

— Ma foi, je n'en sais rien du tout. Vois toi-même.

— Je crois bien que je vais voir moi-même ! Plus souvent que je te laisserai lire tout seul des poulets comme ceux-là !

Et Maria, décachetant la lettre, lut ce qui suit :

« Mon cher Joseph... »

— Ah! ah! scélérat! — dit-elle en s'interrompant, *mon cher Joseph*, rien que cela, hein! c'est assez clair. Mais voyons un peu la signature de cette belle aux yeux doux.

Et la jeune femme lut au bas de la lettre :

« Anatole Ducormier. »

— Anatole! comment, Anatole est à Paris! — s'écria Joseph; — quel bonheur!

— Le fils du père Ducormier dont tu as acheté le fonds de commerce? — demanda la jeune femme; ce jeune homme si savant dont tu m'as tant de fois parlé, qui avait tous les prix à ta pension?

— Parbleu! il a eu le prix d'honneur. Ils se disputaient toujours les premières places, lui et Bonaquet. Nous étions les trois inséparables. Ah! quel bonheur que ce brave Anatole soit de retour! Mais lis donc vite, Maria, lis donc vite sa lettre!

Et la jeune femme lut ce qui suit :

« Mon bon Joseph,

« Je suis à Paris depuis deux jours; j'ar« rive d'Angleterre. Voilà près de six ans
« que nous ne nous sommes vus. J'ai le plus
« grand désir de te serrer la main. J'irai
« donc te demander à dîner aujourd'hui, et
« nous passerons une bonne soirée de cau« serie comme autrefois.

« A toi de cœur.

« ANATOLE DUCORMIER. »

— Bravo! — s'écria Joseph Fauveau en se frottant les mains, — bravo! une vraie fête! vivat!

— C'est ça, bravo! une vraie fête! vivat! — reprit la jeune femme en contrefaisant son mari. — Ce ne sera pas le dîner qui sera une vraie fête toujours! Nous n'avons que le pot-au-feu, un morceau de veau à la casserolle et une salade.

— Eh bien! est-ce que ce n'est pas assez? est-ce que tu crois qu'Anatole, fils de petits boutiquiers comme nous, quoiqu'il soit habitué à la table des grands seigneurs, des ambassadeurs, fera fi du pot-au-feu de l'amitié! Pauvre garçon, va, tu ne le connais pas! C'est bien le meilleur enfant, le moins faiseur d'embarras! Avec ça, ne buvant jamais ni vin ni liqueurs,.. une vraie demoiselle.

— Alors, puisque c'est une demoiselle, — dit gravement Maria, — je lui ferai faire de ces petits pots de crème au chocolat dont vous êtes si gourmand, monsieur Fauveau. Il est trois heures et demie, je vais tout de suite envoyer Louise chercher du lait; j'aurai le temps.

— Es-tu gentille, va !

— C'est pour la crème au chocolat que vous dites cela, monsieur; mais un instant : il faut que tu gardes le magasin.

— Parbleu ! Ah ! dis donc, Maria, si par la même occasion Louise commandait un vol-au-vent chez le pâtissier, avec des *boulettes ?*

— Pas du tout, monsieur le glouton ! on dîne très bien avec le pot-au-feu, un morceau de veau, une salade et une crême au chocolat, quand c'est moi qui l'ai faite.

— Oh ! ma petite Maria, j'aime tant les *boulettes !* Et puis je me le rappelle maintenant, Anatole les adore !

— Bien vrai, M. Anatole adore les boulettes ?

— Parole d'honneur !

— Ah ! monsieur Fauveau, monsieur Fauveau ! vous n'êtes guère raisonnable, et fièrement sur votre bouche ! — dit Maria en quittant le comptoir et menaçant son mari du bout du doigt. — Enfin je vais dire à Louise de passer chez le pâtissier. Mais un instant... à une condition.

— Laquelle ?

— Tu es de garde cette nuit ?

— Tiens, ne m'en parle pas, c'est atroce ! Coucher par ce froid au corps de garde, sur un lit de camp, auprès des voltigeurs et des grenadiers ! grelotter là toute la nuit !

— Dame ! — reprit Maria d'un ton malin, — puisque tu aimes à grelotter sur un lit de camp avec d'aimables voltigeurs et de ravissants grenadiers, que veux-tu que j'y fasse, moi !

— Sapristi, non ! je n'aime pas ça, et pour

preuve, je ne retournerai pas au corps de garde.

— Eh bien ! chéri, c'est tout ce que je désire. C'était là ma condition.

— Tant pis ! — s'écria Joseph. — Je brave le conseil de discipline ! Je dirai que j'ai eu.. un étouffement.

— D'autant plus que tu auras mangé des boulettes !... C'est ça, reste, et tu pourras passer toute la soirée avec ton ami.

— Ma foi ! — s'écria Joseph, — ce qu'il y a de certain c'est que je suis fièrement heureux d'être au monde, voilà tout ce que je peux te dire, ah ! sapristi !

— C'est fameux ! — pensait Maria ; ce vieux indigne sera pendant ce temps-là à

m'attendre dans son fiacre, à la porte de ma
boutique. Je suis joliment fâchée de ne pas lui
avoir dit d'amener aussi son imbécille de
prince, ça aurait été plus drôle.

Puis s'adressant à son mari d'un air solennel :

— C'est convenu, monsieur. Puisque vous
me faites le sacrifice de passer cette nuit ici,
au lieu de la passer au corps de garde... vous
aurez des boulettes.

— Tiens, chérie, il faut que je te mange
en attendant le vol-au-vent ! — s'écria Joseph
en prenant sa femme par sa ronde et fine
taille, au moment où elle entrait dans l'arrière-boutique.

— Mais finis donc, Joseph, — dit Maria en

se retournant à demi pour donner à son mari le baiser d'adieu; — finis donc, voilà quelqu'un qui entre.

En effet, un client ouvrait la porte. Le mercier alla au devant de lui, et Maria disparut dans la pénombre de l'arrière-boutique.

. . . .

Toujours grâce à la béquille magique du *Diable boiteux*, nous conduirons le lecteur, non pas dans un autre quartier, mais dans une rue aussi aristocratique que la rue *du Bac* est commerçante.

VII

VII

L'hôtel de MORSENNE (appartenant au *prince de Morsenne*) était l'une des plus magnifiques demeures du *faubourg Saint-Germain*.

A peu près au même moment où se passaient les scènes précédentes, — chez la veuve du *colonel Duval*, et chez la jolie parfumeuse, *madame Fauveau*, — madame *la duchesse de Beaupertuis* (fille du *prince de Mor-*

senne) rêvait et songeait, à demi-étendue sur une causeuse placée au coin de la cheminée d'un immense salon meublé avec une splendeur royale.

Madame de Beaupertuis, âgée d'environ vingt-quatre ans, représentait le type accompli de ce que Saint-Simon appelait *une grande dame du plus bel et du plus grand air*. Sa taille svelte, élevée, son port de tête ordinairement impérieux, son nez aquilin, quelque chose de dédaigneux, de caustique dans la coupe de sa lèvre inférieure un peu proéminente, donnaient à ses traits fins et réguliers une remarquable expression d'orgueil aristocratique. Aussi, lorsque Diane de Beaupertuis entrait dans un salon, vêtue d'une robe de satin traînante à long corsage, éblouissante de pierreries, redressant sa jolie tête encadrée des boucles vaporeuses de ses cheveux châtain clair et disposés à la *Sévigné*, et regardait autour d'elle avec une fierté hardie, en clignant à demi ses grands yeux d'un brun oranger (sa vue était assez basse), on aurait cru voir descendre majestueusement de son cadre un des plus hautains portraits de *Mignard*.

Ce jour-là les traits de madame de Beaupertuis exprimaient l'ennui le plus morne. Nonchalamment étendue sur sa causeuse de satin-damas ponceau à bois doré, son regard fixe errait dans le vide ; accoudée à un coussin, une de ses belles mains blanches veinées d'azur pendait languissante, tandis que de l'autre elle caressait avec distraction une petite chienne microscopique de la plus pure race des *king-Charles*, couchée à côté d'elle.

Un bâillement nerveux, prolongé, ayant contracté pendant quelques instants son joli visage, Diane de Beaupertuis murmura avec un accent d'une irrécusable sincérité :

— Mon Dieu ! que je m'ennuie !... oh ! quelle vie !... quelle vie !

Puis s'adressant à sa petite chienne dont elle enroulait machinalement autour de ses doigts effilés les longues soies noires et parfumées.

— Tu es bien heureuse, toi, Preciosa ; tu ne t'ennuies pas. Pourvu que tu aies chaque jour ton biscuit émietté dans la crème et que tu fasses ta promenade, pelotonnée dans mon manchon, ou couchée sur les coussins de ma voiture, ta vie est satisfaite, et, le soir, tu dors paisible dans ta niche d'édredon. Heureuse ! heureuse Préciosa ! tu ne sais pas ce que c'est que de réunir en soi toutes les conditions de bonheur possibles, rang, fortune, beauté, jeunesse, indépendance, et de traîner dans l'opulence une vie morne et glacée, — non point par pruderie sauvage, mais parce que rien autour de nous ne nous plaît, et que notre orgueil de rang, notre délicatesse de nature, nos seules vertus peut-être, se soulèvent de mépris à la seule pensée de chercher l'*inconnu* dans un monde si au-dessous du nôtre. Mais que dis-je, heureuse ? Non, tu n'es pas heureuse, chère petite Préciosa ! De par la pureté de ton noble sang, qui remonte au temps du bon roi

Charles, n'es-tu pas condamnée, de peur de déroger, à ne faire ta société que de bichons de ton espèce, petits animaux de haut lignage, coquets, frisés, parfumés, nourris comme toi de crème et de biscuits, et comme toi n'allant jamais à pied, mais qui, sauf quelques différences insignifiantes dans leurs jolis museaux, sont tous si absolument pareils qu'entendre l'un d'eux japper, ou le voir faire le beau et donner la patte, c'est avoir vu et entendu tous les autres. Aussi, pour toi, quelle mortelle uniformité dans ce monotone entourage, pauvre Préciosa, et combien j'approuve ton goût pour la solitude ! Tu as raison, petite Préciosa. Imagine ce que serait pour toi, si fière, si distinguée, qui de ta vie n'as quitté le salon de cet hôtel que pour m'accompagner dans d'autres hôtels, si tu allais aventurer tes pattes mignonnes et soyeuses sur la fange du pavé des rues. Ah ! chère petite Préciosa, mieux vaut encore vivre dans un morne et pesant ennui, avec tes pareils en race et en manières. Végète et meurs dans ton isolement, pauvre Préciosa ! On vantera ta hautaine austérité, et, un jour, te déposant sous une touffe de perceneiges, tristes fleurs pâles et glacées, je te consacrerai cette épitaphe :

Ci-gît l'incomparable Préciosa, *modèle de toutes les qualités que l'on peut avoir eues malgré soi !*

A moins, pauvre petite, — ajouta madame de Beaupertuis avec un sourire ironique et moqueur, — à moins que, comme ta maîtresse, tu sois condamnée par la fatalité du destin à mourir de mort violente; ainsi que me l'a prédit, il y a dix-huit mois, je crois, cette ridicule sorcière, qui n'a pas été dupe de mon déguisement. Il est vrai qu'elle ne s'est pas positivement expliquée, nous laissant le choix, à une autre curieuse et à moi, entre une fin tragique ou une condamnation aux galères à perpétuité !... Et quand on songe que l'ennui peut pourtant nous pousser à aller entendre de pareilles sottises !

Le soliloque philosophique de la duchesse de Beaupertuis fut interrompu par la voix d'un valet de chambre qui, soulevant la portière, annonça :

— M. le chevalier de Saint-Merry!

Ce personnage était un homme de cinquante ans, d'une tournure distinguée, encore alerte et juvénile ; il avait les cheveux teints, les sourcils teints, les favoris teints ; véritable type de l'ancien *beau* ; ses traits assez fatigués exprimaient ordinairement une morgue hautaine, tempérée d'ailleurs par les habitudes de la meilleure compagnie.

Les méchants disaient que M. de Saint-Merry avait été charmant dans sa jeunesse. Et à l'appui de cette assertion, ils prétendaient qu'en tenant compte des différences qui existent entre la beauté d'un homme et la beauté d'une femme, madame de Beaupertuis ressemblait extraordinairement à M. de Saint-Merry dans sa jeunesse. Toujours est-il que le chevalier, grâce à son double privilège de parainage et de très ancien ami de la famille, embrassa familièrement (pour ne pas dire paternellement), embrassa sur le front Diane de Beaupertuis qui, par déférence, s'était à demi levée à l'approche du chevalier; puis s'asseyant à côté de la jeune duchesse, il lui dit d'un air aussi courroucé que consterné :

— Eh bien! ma belle filleule (c'était son expression accoutumée), vous ignorez sans doute la nouvelle!

— Quelle nouvelle?

— Une indignité! Mais ces monstruosités-là ne peuvent se rencontrer que de nos jours! Voilà les suites de cette abominable révolution de 89 ! Dans quel temps vivons-nous, mon Dieu ! dans quel temps vivons-nous !

— Achevez donc....

— Du reste,—reprit M. de Saint-Merry,—vous aurez l'étrenne de la nouvelle. C'est tout frais. Le fait m'a été certifié, il y a deux heures, par la belle-mère de la marquise. La pauvre femme est si outrée, si désespérée, que, pour échapper à cet opprobre de famille, elle part ce soir pour sa terre, malgré le froid et la neige.

— Mon cher parrain, je ne comprends pas un mot à ce que vous me dites là. Et d'abord de quelle marquise voulez-vous parler ?

— Eh! mon Dieu! de la *marquise de Blainville*.

— Ma cousine? Ce n'est pas celle-là, j'imagine, qui aura commis quelque indignité, car avant et depuis son veuvage, je n'ai jamais entendu courir sur elle le moindre méchant bruit.

— C'est possible, mais l'on n'aura rien perdu pour avoir attendu.

— Comment! l'on aurait quelque chose à reprocher à madame de Blainville? — dit la duchesse en secouant la tête d'un air de doute. — Impossible! C'est médisance, erreur ou calomnie! Ma cousine! est peut-être la seule femme dont je répondrais.

— Vraiment? Eh bien...

— Eh bien ?

— Elle a épousé hier... son médecin !...

Madame de Beaupertuis partit d'un tel éclat de rire, que M. de Saint-Merry la regarda tout ébahi, pendant que la rieuse disait avec un redoublement d'hilarité qu'entrecoupaient ses paroles :

— La marquise de Blainville, une des plus grande dames de France... et des plus rigoureusement formalistes... Madame de Blainville... épouser, ah! ah! ah! épouser une *espèce!* épouser son médecin! ah! ah! ah! un monsieur en noir... qui tâte le pouls... et fait tirer la langue... en vérité, c'est à mourir... de fou... rire! surtout lorsque l'on connaît la marquise, et que l'on se représente sa figure hautaine et sévère. Tenez... mon cher parrain... il n'y a que vous au monde pour des imaginations semblables. Merci, du moins, de ce bon et franc rire... cela fait du bien... Il y a si longtemps que je n'ai ri de bon cœur !... Vous êtes adorable !...

— J'étais bien certain, chère duchesse, que vous ne voudriez pas croire à une pareille énormité, mais...

— Ce qu'il y a de charmant, c'est votre sérieux, votre sang-froid, en contant cette bouffonne histoire ! L'effet en est doublement plaisant. Mais, au moins, avez-vous inventé un nom, un bon nom, pour ce médecin !

— Je n'ai rien eu du tout à inventer ; ce médecin, qui a accompagné la marquise dans son voyage d'Allemagne, se nomme *Bonaquet.*

— Vous dites ? — reprit madame de Beaupertuis, en contraignant à grand'peine une nouvelle explosion d'hilarité. — Répétez donc le nom... je vous prie... Vous dites ?

— Eh ! mon Dieu ! — répondit impatiemment le chevalier, — je dis le docteur Bonaquet, parce que Bonaquet c'est son nom, si cela peut s'appeler un nom !

Cette fois, M. de Saint-Merry crut que madame de Beaupertuis allait tomber en spasme, tant ses éclats de rire étaient violents, convulsifs.

— Ah ! ah ! ah ! — reprit-elle en se renversant en arrière, — je me figure la marquise, ayant toujours porté, soit de son chef, soit de celui de son mari, un des plus grands noms de France, se faisant annoncer *Madame*... Ah! mon Dieu! que vous êtes donc amusant!... Se faisant annoncer *Madame la doctoresse Bo... Bona... Bonaquet!!*

Et la duchesse de rire à se tordre.

L'entrée d'une troisième personne vint interrompre l'accès de folle hilarité de madame de Beaupertuis.

Le valet de chambre annonça :

— Madame la princesse.

VIII

VIII

Madame la princesse de Morsenne était une femme de taille moyenne, un peu replète, âgée de cinquante ans environ, mais, ainsi qu'on le dit vulgairement, *bien conservée*. Elle avait dû autrefois être jolie.

Lorsqu'elle entra chez madame de Beaupertuis, sa fille, la princesse de Morsenne tendit cordialement la main à M. de Saint-

Merry, qui se leva et baisa avec un galant empressement cette main encore fraîche et potelée.

Se laissant alors tomber dans un fauteuil, la princesse s'écria avec un accent d'indignation concentrée :

— Ah ! quelle honte ! mon Dieu, quelle honte !

— Pardonnez-moi de n'avoir pas été au-devant de vous, ma mère, — dit la duchesse à madame de Morsenne ; — mais, grâce à une ravissante plaisanterie de mon cher parrain, j'étais anéantie à force de rire.

— Eh bien, ma chère, cette envie de rire va vous passer. Apprenez qu'au moment où je vous parle, la famille de votre père est déshonorée !

— Déshonorée ? — reprit madame de Beaupertuis stupéfaite, — qu'est-ce que cela signifie ?

— Cela signifie que notre cousine de Blainville...

— Comment ! — reprit la duchesse près de céder à une nouvelle explosion d'hilarité, — vous aussi, ma mère ? Ah çà ! mais vous vous êtes donc entendue avec M. de Saint-Merry pour ce duo bouffe, dans le goût d'*Il matrimonio segreto* ?

— Quel duo bouffe ? — dit la princesse impatientée. — Voyons, Diane, êtes-vous folle ?

— Je viens d'apprendre à ma belle filleule, chère princesse, la dégradation de la marquise de Blainville, dont je ne vous savais pas instruite, — reprit M. de Saint-Merry; — j'ai eu beau répéter à votre fille que je parlais sérieusement, elle ne m'a point voulu croire et s'est mise à rire de tout son cœur, pensant que, pour plaisanter, j'imaginais cette énormité.

— Une plaisanterie? — s'écria madame de Morsenne avec amertume. — Croyez-vous donc le chevalier capable de plaisanter avec la honte de notre famille!

Madame de Beaupertuis comprit enfin que sa mère et son parrain disaient vrai. D'abord son hilarité fit place à une sorte de stupeur, et comme si elle n'eût pu croire encore à ce qu'elle venait d'entendre, elle dit à madame de Morsenne : — Non, non, encore une fois, c'est impossible ! Madame de Blainville n'a pas pu se dégrader à ce point ! Que ce bruit ait pris quelque consistance, soit ! mais...

— Mais l'on vous dit que c'est une chose conclue ! — reprit impatiemment la princesse. — Le doute n'est plus permis.

— Je tiens le fait de la belle-mère de la marquise, — ajouta M. de Saint-Merry.

Diane de Beaupertuis ressentit alors une indignation profonde ; elle rougit jusqu'au front ; ses narines se dilatèrent ; le courroux, la révolte de l'orgueil de race, brillèrent dans ses grands yeux étincelants, et elle s'écria d'une voix légèrement altérée :

— Oh ! c'est indigne ! Pour nous et pour cette femme ! quelle ignominie ! quel opprobre ! — Puis elle ajouta : — Mais elle est tombée en enfance ! Allons donc ! un pareil mariage n'est pas valable ?

— Hein ! qu'en pensez-vous, chevalier ?— ajouta la princesse, non moins ingénûment que sa fille. — Vous savez peut-être si ce monstrueux accouplement (car ce n'est pas là un mariage) est valable ? Qu'en pensez-vous, vous qui pour vos procès avez si souvent parlé avec des procureurs ?

— Eh, mon Dieu ! madame, — reprit le chevalier en haussant les épaules, — malheureusement ce mariage est valable, très-valable !

—Et l'on a pu trouver un ecclésiastique

assez éhonté pour consacrer une telle turpitude au nom de la religion ! — s'écria madame de Morsenne. Puis elle ajouta avec une sorte d'épouvante :

— Mais, mon Dieu, où en sommes-nous, chevalier ? mais où allons-nous !

— Eh ! chère princesse, — reprit M. de Saint-Merry non moins consterné, — je n'en sais, ma foi ! rien du tout, où nous allons ; mais évidemment, nous roulons à des abîmes... au chaos ! Toutes ces énormités qui se succèdent depuis la révolution de 89, sont autant de pronostics effrayants. Tenez, encore cet été, n'y a-t-il pas eu un autre horrible scandale ! Cette malheureuse petite comtesse de Surval n'a-t-elle pas fini par se faire enlever (et je vous demande un peu pourquoi? puisque depuis des années Surval prenait, après tout, les choses en galant homme), n'a-t-elle pas fini par se faire enlever, et par qui? Par un artiste!... un monsieur qui peint des tableaux pour vivre!

— Et pourtant, reprit la princesse, Dieu sait si jusqu'alors, dans le monde, on avait été parfait pour la comtesse. Elle avait beau se compromettre de la façon la plus étrange, changer d'amants comme de robes, l'on fermait les yeux, parce que cela du moins se passait entre gens de même sorte. Mais voilà que pour clore dignement cette belle vie, elle s'imagine de se faire enlever par qui? par une espèce de l'autre monde, et de s'en aller vivre maritalement avec ce monsieur dans je ne sais quel coin de province. En vérité, je ne sais si ce n'est pas au moins aussi hideux que la conduite de cette effrontée marquise !

— Ma foi ! reprit amèrement Diane de Beaupertuis, — ces deux indignités se valent : conserver son nom et son titre pour les traîner dans la fange d'un pareil ménage, ou bien avoir la bassesse d'abdiquer sa position et son rang pour porter, ou plutôt pour supporter le nom d'un homme qui va visiter les malades pour de l'argent, il n'y a que le choix entre les deux hontes.

De nouveaux personnages vinrent prendre part à cette scène.

Le valet de chambre annonça successivement :

— *Madame la baronne de Robersac.*

Puis :

— *Le prince.*

Madame de Robersac était une femme de quarante-cinq ans environ, très brune, très mince, au regard pénétrant, au sourire doucereux, à la physionomie remplie de finesse et de charme ; du reste, femme supérieure et remarquable à un certain point de vue. Nous en reparlerons, et fort au long, car Madame de Robersac était un type contemporain.

M. le *prince de Morsenne*, père de madame de Beaupertuis (en cela du moins qu'il était le mari de madame de Morsenne), âgé de cinquante et quelques années, avait été chargé de plusieurs grandes ambassades. Il réunissait, sinon tous les mérites, du moins tous les dehors du diplomate homme d'État, toutes les grâces insidieuses du grand seigneur accompli : physionomie charmante, brillant caquetage, dignité prévenante, affabilité exquise, courtoisie parfois coquette, mais jamais banale, car il ménageait, il tarifiait, pour ainsi dire, sa bonne grâce selon la position de chacun, et avait vingt manières de donner la main, de rendre un salut ou de souhaiter le bonjour ; d'une dévotion sinon outrée, du moins fort voyante (cela depuis peu d'années seulement), il ne manquait pas une occasion sérieuse de faire montre à la tribune de la Chambre des pairs d'une inflexible rigidité de principes à l'endroit de la morale, de la religion et de la famille, bases immuables de toute société.

Lorsqu'il entra chez sa fille, M. de Morsenne tenait à la main une lettre ouverte.

Madame de Robersac allant droit à madame de Morsenne, assise auprès de la jeune duchesse, lui dit affectueusement, après avoir salué d'un signe amical le chevalier de Saint-Merry et serré la main de Diane de Beaupertuis :

— J'ai appris là-haut, par l'institutrice de Berthe, que vous étiez ici, chère princesse. Comme je descendais, j'ai rencontré M. de Morsenne ; il m'a offert son bras, et nous venons nous désoler avec vous du malheur inouï qui frappe votre famille.

— Vous savez donc aussi cette déplorable

histoire, ma chère? — dit madame de Morsénne à madame de Robersac.

Celle-ci répondit d'un ton pénétré :

— Ce cher prince vient de me tout conter; je suis encore toute tremblante de stupeur et d'indignation. Qui pouvait donc, mon Dieu ! s'attendre à cela. Une femme que l'on avait crue jusqu'ici d'un caractère si honorable, d'un commerce si sûr, d'une solidité si éprouvée, d'une vie si irréprochable, d'une piété si exemplaire ! En vérité, c'est du vertige !

— C'est ce que j'ai pensé tout de suite, — reprit la jeune duchesse. — Il y a évidemment dans ce mariage, ou plutôt, comme le dit ma mère, dans ce monstrueux accouplement, un motif suffisant pour le faire déclarer nul.

— Eh, mon Dieu ! oui ! Autrefois il en eût été ainsi, dit le chevalier de Saint-Merry, car alors on prenait du moins quelque souci de l'honneur et de la dignité des familles, mais depuis cette abominable révolution... — Et haussant les épaules en s'adressant au prince, le chevalier ajouta en gémissant :—Ah ! mon pauvre Hector !... dis... dans quel temps vivons-nous !

— Ah ! mon cher Adhémar, reprit M. de Morsenne,—il n'y a pas bien longtemps, tu le sais, que je l'ai dit à la Chambre des pairs : La révolution n'est pas seulement dans la politique ; la révolution s'est infiltrée dans les mœurs, dans la famille ; elle ébranle la société jusque dans ses fondements ! Chaque jour amène son indignité, et ces indignités dont nous sommes révoltés se commettent maintenant avec un sang-froid effrayant. C'est la réflexion dans la démoralisation. Ainsi cette indigne marquise a si parfaitement bien la tête à elle, ajouta M. de Morsenne avec un courroux concentré, que, tout-à-l'heure, en rentrant chez moi, voici ce que j'ai trouvé.

— Qu'est-ce que cela, mon père ? — demanda Diane de Beaupertuis.

— Une *lettre de faire part*, — répondit le prince en se croisant les bras et en jetant circulairement son regard sur les acteurs de cette scène, comme pour les prendre à témoin de cette nouvelle énormité, et il répéta :

— Oui, une lettre de faire part de ce honteux mariage !

— Quelle impudence ! — dit la princesse.

— Quelle audace ! — ajouta madame de Robersac.

— Et ce n'est pas tout, — reprit M. de Morsenne, — ce n'est pas tout !

— Comment ! — dit M. de Saint-Merry, il y a autre chose encore ?

— Il y a, — reprit le prince en se contenant à peine, — il y a que cette lettre de *faire part* n'est pas imprimée, mais écrite à la main, par la marquise, ainsi que chez nous cela se pratique par égard entre parents. Or, c'est déclarer positivement, effrontément, que l'on revendique ces relations de parenté, que l'on se prépare à les continuer. C'est menacer madame de Morsenne, et moi, et ma fille, et le duc mon gendre, de l'insolente visite de madame et de M. Bonaquet.

— C'est par trop exorbitant! — s'écria madame de Morsenne. — Elle ne peut pas être folle à ce point, cette femme!

— Je vous dis, ma chère, — reprit le prince, — que c'est nous prévenir officiellement qu'un jour ou l'autre elle nous amènera ici son médecin.

— Et moi, — s'écria la princesse, — je vous déclare que dès aujourd'hui, dès cette heure, ma porte est à jamais fermée à votre cousine. Je vous demande un peu quel abominable exemple pour ma fille Berthe, une enfant de quinze ans ! Risquer de se rencontrer avec une créature perdue !

— Si elle avait l'audace de se présenter chez moi, — ajouta la jeune duchesse, — je lui ferais dire par mes gens que je suis chez moi pour tout le monde excepté pour elle.

— Heureusement, — reprit madame de Robersac, — ce va être un soulèvement général dans la société contre ce déplorable scandale : toutes les portes seront fermées, et rudement fermées à cette marquise sans cœur et sans vergogne !

— Pour l'amour de Dieu ! ne l'appelez donc point marquise, ma chère ! — s'écria la princesse ; — grâce au ciel, elle ne l'est plus, marquise !!

— Tenez, ma mère, — reprit la jeune duchesse en se levant avec vivacité, — je me charge d'envoyer à tout le monde des lettres de *faire part* aussi, mais écrites au nom de notre maison.

— Des lettres de faire part? demanda-t-on tout d'une voix à Diane de Beaupertuis, — comment cela ?

— Oui, — reprit la jeune duchesse, — des lettres de faire part ainsi conçues :

« *Nous avons l'honneur de vous faire part de la*
« *perte douloureuse et dégradante que notre fa-*
« *mille vient d'éprouver, par suite du mariage de*
« *madame la marquise de Blainville (née de Mor-*

« *senne*) *avec une personne indigne d'appartenir*
« *à notre maison.* »

— Et je signe la première, — ajouta résolument Diane de Beaupertuis ; et pas un de nos parents ne manquera de m'imiter.

— Excellente idée ! s'écria le chevalier de Saint-Merry, — Je suis prêt à signer, moi, comme le plus ancien ami de la famille.

— Il n'y a vraiment que cette chère Diane pour avoir des idées pareilles !—dit madame de Robersac avec admiration. Et elle ajouta avec une nuance imperceptible d'ironie, en regardant la mère de la jeune duchesse comme par hasard : — Tout le noble sang des Morsenne se révolte en elle ! Comme elle est bien digne d'avoir pour aïeule cette fière et farouche Diane... dame de Morsenne, qui au quatorzième siècle, eut le terrible courage de tuer de sa propre main sa fille, qui avait, dit-on, forfait à l'honneur.

La princesse rougit légèrement, et le chevalier de Saint-Merry reprit vivement :

— Ma chère filleule a raison. Son idée est excellente. Oui, voilà ce qu'on devrait faire plus souvent, pour rappeler les gens à la dignité de leur nom !

— Comment ! ce que l'on devrait faire ! — dit vivement la princesse ; — mais j'espère bien qu'on le fera !

Et, s'adressant à son mari d'un air interrogatif :

— N'êtes-vous pas de mon avis?

— Certainement, — répondit le prince d'un ton solennel, — et, comme chef de ma maison, je me charge d'écrire moi-même ces lettres, de ma main.

Le valet de chambre entrant de nouveau interrompit l'entretien.

IX

IX

Le valet de chambre s'étant approché du prince lui présenta une carte, déposée sur un petit plateau d'argent, et lui dit:

— Prince, c'est la carte d'une personne qui désire vous parler.

— *Loiseau* n'est pas de retour?—dit M. de Morsenne à demi-voix en prenant la carte.

— Non, prince, je n'ai pas vu M. Loiseau rentrer, — répondit le valet de chambre, tandis que son maître, s'approchant d'une fenêtre, lisait à l'aide d'un lorgnon d'écaille le nom écrit sur la carte.

Ce nom était celui d'*Anatole Ducormier.*

— Qu'est-ce que c'est que ce monsieur? — reprit le prince en interrogeant le valet de chambre, — je ne connais pas ce nom-là.

— Prince, ce monsieur dit qu'il vient pour affaires très pressées...

— Pour affaires? Alors conduisez-le à mon intendant, si c'est pour affaires! Je ne sais pas ce que c'est que M. Ducormier, moi?

Puis au moment où le valet de chambre

allait s'éloigner, le prince lui dit de nouveau à demi-voix :

— Vous me préviendrez dès que Loiseau sera rentré.

— Oui, prince.

Et le valet de chambre sortit.

M. de Morsenne alors se rapprocha du groupe, dont il s'était un moment éloigné.

— Mon père, c'est entendu, — dit la duchesse de Beaupertuis, — ce soir même, il faut écrire ces lettres..... de *faire part*..... ce sera d'un bon enseignement pour les femmes qui désormais pourraient songer à d'ignobles mésalliances.

— Ce soir même je les écrirai, — dit M. de Morsenne.

— Venez chez moi un peu plus tôt que de coutume, cher prince, — reprit madame de Robersac en s'adressant à M. de Morsenne.— — Amenez Diane, nous vous aiderons à écrire ces lettres; puis après cette digne et courageuse action, et en manière de récompense.... nous ferons tous trois.... une petite débauche.... dont j'ai le projet.

— Que voulez-vous dire?—reprit le prince en regardant madame de Robersac avec surprise. — Quelle petite débauche?

— Tout le monde répète que cette année les bals de l'Opéra sont charmants et tout-à-fait de bonne compagnie; — ajouta madame de Robersac en regardant fixement M. de Morsenne, qui parut un instant surpris et troublé. — Je meurs d'envie d'y aller, je suis certaine que Diane ne demandera pas mieux que de m'accompagner, et j'ai résolu que vous nous y conduiriez, cher prince.

— Le bal de l'Opéra ? C'est une excellente idée ! — dit madame de Beaupertuis. — Je m'y suis ennuyée l'année passée comme une morte ; mais c'est égal, si mon père veut nous y conduire, je suis des vôtres, ma chère madame de Bobersac.

— Bravo ! Hector. Le bal de l'Opéra, cela nous rajeunit de vingt ans ! J'irai t'y conduire, dit en riant M. de Saint-Merry, en s'adressant au prince.

Celui-ci, malgré son habitude de dissimulation, ne put complètement cacher son embarras, encore augmenté par le regard fixe et pénétrant de madame de Robersac, et il répondit à M. de Saint-Merry :

— Ah çà, mon cher Adhémar, tu es fou ?

— Comment !

— Moi, au bal de l'Opéra !

— N'y sommes-nous pas allés cent fois ensemble ?

— Oui, autrefois, mais franchement notre place n'est plus là maintenant. Songes-y donc, à nos âges !... et puis enfin, quand on est dans une certaine position politique...

— Allons donc ! Hector ! Est-ce que, l'an

passé, je n'y ai pas vu le duc de Mirecourt, l'ancien président du conseil? Il est cependant de *nos âges*, comme tu dis. Et le marquis de Juvisy, vice-président de la chambre des pairs, autre jeune homme à peu près de nos âges; n'est-il pas un des plus intrépides amateurs du bal de l'Opéra, un des habitués du fameux *Coffre?*

— Il est vrai, mais...

— Comment! mon cher, vous hésiteriez? dit madame de Morsenne à son mari; — je vous assure que si je ne craignais que le masque et la chaleur ne me causent une migraine affreuse, je serais de la partie, car voilà trois ou quatre ans que je ne suis allée au bal de l'Opéra.

— Sans doute, — répondit le prince en

reprenant son assurance, — je serai toujours mille fois heureux de me mettre en toute occasion aux ordres de madame de Robersac et de ma fille; mais, en vérité, par les raisons que je vous ai dites, et surtout après le malheur qui vient de frapper notre maison, ne serait-ce pas une grave inconvenance d'aller me montrer ce soir même au bal de l'Opéra, où je n'ai pas mis les pieds depuis dix années?

— Et moi, je pense, au contraire, cher prince, — reprit madame de Robersac, — qu'il serait d'un très bon effet de témoigner par votre présence dans un lieu de plaisir, que vous ne ressentez aucune honte d'une indignité dont vous n'êtes en rien solidaire.

— Pourtant, ma chère madame de Robersac, reprit le prince, — vous me permettrez de vous faire observer...

— Je dirai plus, — reprit la baronne en interrompant M. de Morsenne, — comme un grand nombre des hommes de notre société se trouveront, selon leur habitude, au bal de l'Opéra, et que votre présence y causera une certaine sensation, il me paraîtrait excellent de profiter de cette occasion pour déclarer là, et bien haut, que vous avez écrit, au sujet de ce honteux mariage, la lettre de faire part dont nous sommes convenus.

— C'est évident! — dit M. de Saint-Merry. — Ce soir et demain tout Paris le saurait.

— Madame de Robersac a parfaitement

raison, mon cher, — ajouta madame de Morsenne en s'adressant à son mari; — il faut l'écouter, son conseil est excellent !

— Je suis aussi de cet avis, mon père, — reprit à son tour la jeune duchesse. — Je ne vous dis pas cela pour vous engager à venir quand même au bal de l'Opéra, car, après tout, nous pourrions y aller, madame de Robersac et moi, avec M. de Saint-Merry, qui, j'en suis sûr, ne nous refuserait pas son bras.

— Pouvez-vous en douter, ma belle filleule? — dit M. de Saint-Merry. — Mais, Hector, — ajouta-t-il en regardant le prince, — se rendra, j'en suis certain, à toutes les bonnes raisons qu'on vient de lui donner.

— Sinon! — ajouta madame de Robersac,

en riant, mais en accentuant les paroles suivantes d'une façon qui parut à M. de Morsenne très significative : — l'on croirait que ce cher prince a *vraiment quelque raison...* quelque raison... d'Etat, je suppose... pour nous refuser...

— Allons, — reprit M. de Morsenne en souriant de l'air le plus gracieux, — je ne me sens pas le courage de résister plus longtemps à de telles instances. C'est dommage, il est si doux de se faire prier d'une manière si charmante !

— Ah ! mon Dieu, — dit la jeune duchesse en paraissant se rappeler un souvenir, — mais j'y songe maintenant !

—A quoi donc, ma chère ? — lui demanda sa mère.

— *L'abbé Jourdan* doit prêcher demain matin à *Saint-Thomas-d'Aquin,* — reprit Diane de Beaupertuis ; — on dit qu'il est délicieux d'indignation et de colère lorsqu'il tonne contre notre époque, et qu'il dit même des choses très marquées sur la licence des mœurs ; je me ferais une joie d'aller l'entendre. Or, si je rentre du bal de l'Opéra vers quatre ou cinq heures du matin...

— Il faut renoncer à l'abbé Jourdan.

— Soyez tranquille, ma chère, — dit la princesse à sa fille, — je me charge d'aller moi-même vous réveiller. Je compte bien ne pas manquer non plus l'abbé Jourdan. Je n'emmènerai cependant pas votre sœur Berthe, car ces sermons-là ne sont pas faits, à la rigueur, pour de petites filles... Mais nous irons toutes deux.

— Et je vous verrai là, chère princesse, — reprit madame de Robersac, — car je suis tous les sermons de l'abbé Jourdan. On dit que c'est le parti de Saint-Sulpice qui le pousse et le met en avant pour désoler et écraser ce pauvre abbé Marotin.

— Tout naturellement, — reprit le chevalier de Saint-Merry, qui semblait fort au courant de ces haineuses rivalités de sacristie, — l'abbé Marotin étant le *toutou* de l'archevêché, les Sulpiciens, qui sont à couteaux avec l'archevêché, sont comme des enragés pour faire mousser leur abbé Marotin et éreinter l'abbé Jourdan. Les journaux religieux échangent tous les matins des injures atroces, en soutenant qui l'un, qui l'autre, en sorte qu'il y a maintenant les *Jourdanistes* et les *Marotinistes* forcenés. Moi je suis, je le déclare, *Jourdaniste;* ce garçon-là est impayable. Dimanche dernier, il a été effrayant dans sa peinture des peines éternelles, et irrésistible de logique lorsqu'il a prouvé comme quoi l'homme était né pour être à jamais misérable... et c'est parfait pour le peuple, ces démonstrations-là.

— Le fait est que dimanche, l'abbé Jourdan a été si merveilleusement bien, — reprit le prince, — qu'en sortant de l'église, j'ai été trouver monseigneur l'évêque de Ratopolis, qui a lancé l'abbé Jourdan, afin de lui demander l'adresse de ce digne prêtre, chez qui je suis allé aussitôt déposer ma carte avec un mot très flatteur; car il est indispensable, par ces temps de déréglement et d'impiété où nous vivons, d'encourager de toutes nos forces et par tous les moyens possibles les gens d'église qui prêtent une voix énergique et éloquente à la défense de l'ordre social tout entier.

A ces derniers mots, prononcés d'un ton pénétré par M. de Morsenne, sa fille ne put dissimuler un demi-sourire ironique dont madame de Robersac seule s'aperçut. Se levant alors pour prendre congé de la jeune duchesse, elle lui dit:

— Eh bien! donc, à ce soir, ma chère Diane. A propos, je ne vous demande pas si le duc sera des nôtres?

— Je vous avouerai, chère madame, — reprit la jeune femme, — que depuis trois jours je n'ai pas vu M. de Beaupertuis.

— Pourquoi donc cela?

— Il a reçu d'Alger trois nouveaux *scarabées* vivants d'une espèce très curieuse, dit-il, et sans doute depuis quarante-huit heures, il est, sauf quelques heures de sommeil, occupé, sa loupe en main, à noter ses observations sur les mœurs de ces scarabées.

— Quelle singulière et attachante passion que l'histoire naturelle! — reprit madame de Robersac en souriant. — Il ne faut pas parler, il est vrai, de ce qu'on ne connaît pas; mais, en vérité, je suis toujours à me demander quel plaisir ce cher duc peut trouver à vivre si solitaire et si intime avec ses scarabées.

— Il paraît, — reprit en riant la jeune duchesse, — que M. de Beaupertuis se livre principalement à l'étude des mœurs de ces vilaines petites bêtes, afin de faire une notice pour l'Académie des sciences, sur leur mode d'existence. Croiriez-vous qu'il me disait dernièrement qu'en présence des prodiges dont il est journellement témoin au moyen de sa loupe, il éprouve autant d'admiration pour les scarabées que de profond dédain pour notre pauvre humanité ! Il m'avait même, à l'appui de cette belle découverte, apporté l'autre matin une carte pointée par lui de coups d'épingle, en manière de mémorandum, et il voulait à toute force m'expliquer le pourquoi de ces coups d'épingle ; —mais je l'ai prié de me laisser tranquille, et il s'en est allé tout grondant, me reprochant mon indifférence. — Et la jeune duchesse se mit à rire de nouveau.

— Taisez-vous donc, écervelée ! — dit madame de Robersac, puis elle ajouta, en s'adressant à madame de Morsenne :

— Entendez, chère princesse... les folies que Diane me conte là...

Pendant que madame de Beaupertuis parlait des singulières et scientifiques préoccupations de son mari, le valet de chambre, entrant de nouveau, s'était approché de M. de Morsenne et lui avait dit à mi-voix :

— Prince, M. Loiseau vient de rentrer.

— Dites-lui d'aller à l'instant m'attendre chez moi, — avait répondu M. de Morsenne, sans pouvoir cacher son impatience et son anxiété ; ayant alors vu madame de Robersac s'apprêter à sortir, il s'était approché.

— A ce soir donc, cher prince, — lui dit madame de Robersac en serrant la main de la jeune duchesse en manière d'adieu,— nous ferons bonne et sévère justice de cette indigne marquise.

— Permettez-moi, madame, de vous offrir mon bras jusqu'à votre voiture, — dit M. de Morsenne à madame de Robersac, qui accepta ; puis se tournant vers sa fille, il ajouta :

— Diane, soyez prête à neuf heures.

— Oui, mon père, — répondit la jeune femme.

— Vous viendrez me dire adieu avant votre départ, n'est-ce pas, ma chère? — dit la princesse à sa fille en la quittant également.

— Oui, ma mère.

Et madame de Morsenne, accompagnée du chevalier de Saint-Merry, remonta chez elle (elle occupait le premier étage de l'hôtel dont sa fille occupait le rez-de-chaussée). tandis que le prince de Morsenne conduisait madame de Robersac jusqu'au perron au bas duquel sa voiture devait l'attendre.

Pour arriver au vestibule qui donnait sur ce perron, il fallait, en sortant du salon de madame de Beaupertuis, traverser une galerie, un billard, un salon d'attente et une antichambre.

Pendant ce trajet assez long, interrompu d'ailleurs par une pause de quelques instants dans le billard, où ne se trouvait personne, le prince de Morsenne et madame de Robersac eurent l'entretien suivant :

— Hector, — dit au prince madame de Robersac avec un accent contenu, — vous me trompez...

— Olympe, que signifie...?

— Depuis quelque temps, je vous l'ai dit, vous êtes auprès de moi distrait, préoccupé; enfin hier, vous avez envoyé louer une loge pour le bal de l'Opéra de ce soir.

— Je vous assure, ma chère amie...

— Ne mentez pas, Hector ; je le sais.

— Encore une fois, vous êtes dans l'erreur.

— Je suis si peu dans l'erreur que tout à l'heure votre embarras était évident, lorsque je vous ai à dessein proposé cette partie d'Opéra, qui va sans doute, et j'y compte.... contrarier certains projets.

— En vérité, chère Olympe, — reprit le prince d'un ton insinuant et tendre, — vous ne m'aviez pas habitué à tant d'ombrage et de défiance. Comment ! après une intimité de dix ans, lorsque je passe ma vie chez vous, il y aurait, entre de vieux amis comme nous, de ces folles jalousies ! — Puis souriant d'un air gracieux et fin : — Me réduirez-vous donc à cette humiliation d'invoquer le bénéfice de mon âge pour me mettre à l'abri de vos soupçons?.... soupçons véritablement trop flatteurs.

— Je suis surtout jalouse de votre confiance, Hector; mais il me la faut entière, et à ce prix, mon Dieu! vous le savez, vous me trouverez toujours indulgente... plus qu'indulgente.

— Ma confiance! Franchement, Olympe, ne l'avez-vous pas? N'est-ce pas dans votre salon et non dans celui de ma femme que je reçois chaque soir mes amis politiques? N'est-ce pas enfin chez vous que je tiens *ma cour*, ainsi que vous le dites, à tort, car c'est plutôt votre cour à vous? — ajouta le prince redoublant de coquetterie. — N'êtes-vous pas la divinité dont je suis l'humble pontife...

trop heureux d'être le premier à vous offrir mes adorations ?

— Monsieur de Morsenne, — répondit séchement madame de Robersac, — je vous connais trop et depuis trop longtemps pour me laisser prendre à des fadeurs. Écoutez-moi bien : je redoute pour vous du ridicule et du scandale, et par conséquent un double chagrin pour moi, Or, je suis très décidée, dans notre intérêt commun, à vous épargner ce ridicule, et...

Plusieurs domestiques, apportant des lumières afin d'éclairer les appartements, car la nuit était à peu près venue, interrompirent l'entretien de M. de Morsenne et de madame de Robersac ; ils arrivèrent bientôt dans l'antichambre, où se trouvaient plusieurs valets de pied ; les uns se levèrent respectueusement, tandis que deux autres ouvraient les battants de la porte vitrée qui donnait sur le perron au bas duquel attendait la voiture de madame de Robersac.

Celle-ci, en descendant les marches, trouva moyen de dire tout bas au prince, qui la conduisait :

— Je vous attends à neuf heures. Si vous n'y venez pas... j'irai de toute façon au bal de l'Opéra, et prenez garde...

Ces mots furent dits tout bas, avec l'accent du dépit et de la menace, durant la descente des marches du perron, au bas duquel attendait le valet de pied de la baronne, tenant ouverte la portière de sa berline.

Madame de Robersac, changeant alors d'accent et de physionomie, dit tout haut, et de l'air le plus affable, à M. de Morsenne, qui l'aidait à monter :

— Mille grâces de votre obligeance, et à bientôt, cher prince.

M. de Morsenne salua respectueusement, et ne quitta le perron pour rentrer chez lui que lorsque la voiture se fut dirigée vers la grande porte de l'hôtel.

Pendant que le prince reconduisait, comme nous l'avons dit, madame de Robersac, le chevalier de Saint-Merry accompagnait chez elle la princesse; s'arrêtant un instant au milieu du grand escalier, M. de Saint-Merry dit à madame de Morsenne :

— Savez-vous, Armande, que tout à l'heure j'ai eu fort à contenir mon orgueil pour ne pas me jeter au cou de *notre* chère Diane, tant je trouvais admirable son idée de lettres *de faire part*.

— Oui. Et vous n'avez pas entendu cette vipère aux yeux doucereux, madame de Robersac, s'exclamer ironiquement sur la fierté *du sang des Morsenne* qui se révoltait chez ma fille ?

— Bah ! vous savez, Armande, que cette vipère-là siffle plus qu'elle ne mord, et d'ailleurs...

— Taisez-vous donc, Adhémar, voilà

Berthe, — dit vivement madame de Morsenne en continuant de monter l'escalier, appuyée sur le bras de M. de Saint-Merry.

En effet, au moment où la princesse avait interrompu son chevalier, elle venait d'apercevoir sa seconde fille, Berthe de Morsenne (sœur de madame de Beaupertuis), qui descendait l'escalier accompagnée de son institutrice.

Mademoiselle Berthe de Morsenne était une enfant de quinze ans à peine, grande, frêle et pâle, au regard froid, à la physionomie revêche et déjà hautaine malgré son jeune âge; son institutrice, jeune Anglaise d'une figure douce, grave et un peu triste, l'accompagnait.

Mademoiselle de Morsenne, venant en sens inverse de sa mère et de M. de Saint-Merry, les eut bientôt rejoints.

— Où allez-vous donc, Berthe? lui dit la princesse.

— Je vais en bas voir ma sœur, ma mère.

— J'espère que miss Nancy est toujours contente des progrès de mademoiselle Berthe, qui n'est plus maintenant une petite fille? — dit M. de Saint-Merry avec la familiarité d'un ancien ami de la famille.

— Il y aurait fort à faire pour contenter toujours mademoiselle,—reprit Berthe d'un ton sec et bref.

— Contenter miss Nancy doit être pourtant votre seul désir, ma chère Berthe, — répondit solennellement madame de Morsenne en baisant sa fille au front; puis elle ajouta en s'adressant à l'institutrice : — N'oubliez pas, miss Nancy, de demander aux gens de madame de Beaupertuis si elle est seule, sinon vous remonteriez avec Berthe.

— Oui, madame la princesse, — répondit l'institutrice en suivant mademoiselle de Morsenne, pendant que la mère de celle-ci remontait chez elle.

Pendant que ces différents accidents se passaient sur l'escalier, M. de Morsenne était entré précipitamment dans son cabinet, où l'attendait M. Loiseau, son homme de confiance.

X

X

M. Loiseau était l'homme à cheveux gris que le lecteur a vu chez madame Maria Fauveau, la jolie parfumeuse; depuis vingt-cinq ans, cet homme remplissait auprès de M. de Morsenne les fonctions de valet de confiance, en raison des services de toutes sortes rendus à son maître par cet intelligent et peu scrupuleux serviteur. Une sorte de familiarité régnait, depuis longues années, entre lui et le prince ; du reste, M. Loiseau, beau diseur et grand diseur, se piquait de quelque littérature ; en homme bien appris, il professait une grande admiration pour les écrivains du dix-septième siècle. *Molière* et *Regnard* surtout étaient ses idoles ; il prétendait, non sans raison, que les *Crispins,* les *Scapins,* les *Mascarilles,* les *Sganarelles,* étaient toujours les gens les plus spirituels de ces comédies ; aussi arrivait-il parfois qu'à la grande impatience de son maître, M. Loiseau, nourri de ses classiques, rappelait par son langage celui de ses modèles ; il ne manquait alors à M. Loiseau que les gants, le manteau et la rapière de *Crispin*, pour jouer son rôle au naturel.

— Eh bien ! Loiseau, — dit vivement M. de Morsenne en entrant, — quelles nouvelles ?

— Mauvaises, monsieur !

— Maladroit ! — s'écria le prince en frappant du pied, — tu auras dit ou fait quelque sottise !

— Si monsieur veut m'écouter, il verra.

— Allons ! parle.

— Monsieur m'a toujours reconnu un certain coup-d'œil, une certaine expérience.

— En effet, le moment est heureusement choisi pour vous en vanter, monsieur Loiseau.

— Que monsieur me permette d'achever ;

il jugera ensuite; — et le digne serviteur poursuivit d'un air prétentieux : — Madame Fauveau n'appartient malheureusement pas à la catégorie des vertus sauvages, revêches, mais malcontentes de leur sort, car il n'y a jamais rien de désespéré avec celles-là. Madame Fauveau est au contraire une de ces vertus gaies, moqueuses, frétillantes, toujours satisfaites de leur condition ; elle n'ambitionne rien, ne désire rien, et elle est, ainsi que je vous l'ai répété plusieurs fois, monsieur, après renseignements certains, elle est affolée de son mari, espèce d'animal fâcheux, de cinq pieds sept pouces ; et après plus de trois années de mariage, ils font encore scandale dans la maison par la pétulance de leurs amours ; il n'y a rien à faire contre cela, monsieur, car, enfin...

—Est-ce une gageure ! — s'écria M. de Morsenne en interrompant son fidèle serviteur, — est-ce une gageure de venir me conter ces impertinences !

— Je ne voudrais pas leurrer monsieur, et....

—Mais ces offres ! cet argent !

—Madame Fauveau a été aussi adroite pour m'obliger à reprendre l'argent, que j'avais mis d'adresse à le lui faire d'abord encaisser, comme j'en étais convenu avec monsieur. Quant à l'hôtel, aux diamants, à la voiture, elle s'est moquée de ces offres, et cela très spirituellement, je dois l'avouer, car elle a vraiment un esprit naturel fort drôle et très divertissant ; aussi, monsieur, n'est-ce point là une de ces fines alouettes que l'on prend par l'éblouissement du miroir. Quant au physique, c'est plus que jamais la gentillesse, la grâce, la fraîcheur et la friponnerie en personne.

— Mais, c'est donc un parti pris, bourreau! de venir à cette heure me faire tant d'éloges de cette damnée femme!

— Oui, monsieur, c'est toujours un parti pris chez moi de vous dire la vérité, si désagréable qu'elle soit, afin de ne point vous embarquer dans l'impossible; aussi, croyez-m'en, Monsieur, renoncez à...

— Mais faut-il te le répéter, malheureux! que par je ne sais quelle fatalité, je suis piqué au vif par ce minois chiffonné, que je n'ai pourtant vu que deux fois, et pendant cinq minutes! C'est inexplicable, c'est fou, c'est absurde, mais c'est opiniâtre et violent comme tout caprice et tout dernier caprice, chez un homme de mon âge... Est-ce que je n'ai pas la faiblesse, la sottise de passer chaque jour devant sa boutique, comme un écolier, afin de tâcher d'entrevoir cette petite mine si piquante et si coquine, que je ne peux pas chasser de mon esprit, et que je ne veux pas en chasser, moi; car, après tout, en y pensant, je me sens rajeuni de vingt ans!

En effet, M. de Morsenne, dans cet entretien qui lui rappelait ses beaux jours de séductions et de poursuites amoureuses, se plaisait à affecter une pétulance juvénile qui sentait d'une lieue son *Damis* reprochant à *Frontin* sa maladresse auprès de quelque *Cydalise*.

— Mais... — reprit M. Loiseau... — mais, Monsieur...

— Mais... mais... — répondit le prince, d'un ton de reproche amer. — Toujours des mais! des si! M. Loiseau devient paresseux, mou, insuffisant, il est à bout de ressources, ou plutôt il se croit maintenant trop gros seigneur pour se donner la peine... qu'il se donnait autrefois.

— C'est qu'autrefois, — répondit le serviteur d'un ton moitié bourru, moitié flatteur, — c'est qu'autrefois...

— Eh bien?

— Autrefois Monsieur m'épargnait les trois quarts de la peine... il n'avait qu'à se montrer.

— Je ne suis pas dupe de vos défaites, monsieur Loiseau. Comment! au premier refus, vous vous découragez? comme si toutes les femmes ne commençaient pas par refuser! Comme s'il ne fallait pas dix fois revenir à la charge!

— Et le moyen, Monsieur?

— Comment, le moyen? Ah çà! décidément, monsieur Loiseau se moque de moi. Est-ce qu'il n'y a pas mille moyens de retourner dans cette boutique, d'obséder cette petite créature, de doubler, de tripler les offres, puisque je suis décidé à tout sacrifier?

— Et le mari, Monsieur?

— Quoi, le mari?

— Mais, Monsieur, songez donc que pour avoir le loisir de l'entretien d'aujourd'hui avec madame Fauveau pendant une heure, il m'a fallu attendre le jour de garde de son mari, particularité dont j'ai été informé par son sergent-major, un de nos fournisseurs; et vous-même, Monsieur, lorsque vous avez rôdé autour de la boutique, n'avez-vous pas remarqué que le traître était là, toujours là, ne quittant pas plus sa femme que son ombre? Or, il est brutal et fort comme un cheval; sa diablesse de petite femme est capable de tout lui découvrir, et j'aurais les os brisés.

— Allons donc ! On n'a pas tout de suite, comme ça, les os brisés.

— Ce ne serait que demi-mal, — reprit héroïquement M. Loiseau ; je serais fier de me dévouer pour monsieur ; mais l'éclat, mais le scandale dans le quartier ! Que l'on me reconnaisse pour votre homme de confiance, monsieur ! Alors jugez du reste... Un grand seigneur ! un pair de France ! un ancien ambassadeur ! voulant suborner la femme d'un boutiquier !... Quelle bonne aubaine pour le *Charivari !* pour ce nid de serpents appelés Petits-Journaux... — Puis, haussant les épaules, M. Loiseau ajouta avec un aplomb superbe : Mais aussi que faire ?

car, ainsi que je l'ai entendu souvent dire à monsieur, avec une pareille licence de la presse, il n'y a pas de gouvernement possible.

— A merveille! — reprit le prince avec un dépit concentré, — puisque M. Loiseau est si philosophe et si timoré, j'aurai recours à un intermédiaire un peu plus inventif et plus dévoué que lui.

— Ah! monsieur! — s'écria le serviteur consterné en joignant les mains, — ah! monsieur...

— Après tout, les hommes s'usent.

— Ah! monsieur!

— Ne parlons plus de cela; je saurai mieux désormais placer ma confiance.

— Me faire cette injure, monsieur, à moi, à moi qui ai vieilli à votre service !

— Assez ! assez !

— Déshonorer mes cheveux blancs en chargeant un autre de... Oh ! non, non, monsieur, vous n'aurez pas ce courage, ce serait la mort de votre pauvre vieux Loiseau ! oui, monsieur, ajouta cet honnête homme d'un ton tragique, — ce serait ma mort !

— Allons donc ! vous êtes fou ; et d'ailleurs j'y songe maintenant, j'ai d'autres graves reproches à vous adresser ; vous avez été indiscret, bavard, au sujet de cette affaire.

— Moi, monsieur, moi qui suis un tombeau pour le silence ?

— Comment alors madame de Robersac

sait-elle que j'avais fait louer une loge pour le bal d'Opéra de cette nuit?

— Madame la baronne sait que monsieur...

— Eh! sans doute, elle le sait; vous aurez jasé avec ses gens.

— D'abord, monsieur sait que je ne fraye pas avec *la livrée*, — répondit le valet de chambre avec une dignité contenue, — et je puis jurer à monsieur mes grands dieux que je n'ai pas ouvert la bouche sur tout ceci, et que... Mais... — M. Loiseau s'interrompant soudain, ajouta en se frappant le front, — c'est cela!

— Quoi?

— Du moins vous verrez, monsieur, s'il y a de ma faute. C'est qu'aussi madame la baronne est si pénétrante...

— Achèveras-tu ?

— Tantôt, sur les une heure, je suis allé au bureau de location de l'Opéra. En en sortant, je pliais et mettais dans mon portefeuille le coupon rose que l'on venait de me livrer, lorsque je me suis trouvé presque face à face avec madame la baronne, qui marchait à pied suivie d'un domestique ; je me suis empressé de la saluer respectueusement. Elle n'a pas paru m'apercevoir, ce qui m'a semblé singulier ; maintenant je m'explique très bien qu'une personne aussi clairvoyante que madame la baronne, me voyant sortir du bureau de location et mettre dans mon portefeuille un coupon de loge, a dû en induire que monsieur...

— Quant à cela, c'est possible, — reprit M. de Morsenne en réfléchissant. — Il n'en fallait pas davantage pour mettre madame de Robersac sur la voie; et cette découverte m'eût beaucoup gêné, si mon projet avait réussi; mais il a échoué pour aujourd'hui, grâce à votre maladresse.

— Il a échoué! — dit soudain Loiseau d'un air triomphant après quelques instants de méditation, — il a échoué... peut-être... monsieur... peut-être...

— Que dis-tu?

— Si vieilli, si usé, si insuffisant que l'on

soit... monsieur, — continua l'honnête serviteur avec amertume, l'on peut pourtant parfois être encore bon à quelque chose.

— J'en doute fort... Mais enfin... voyons...

— Tenez, monsieur, de bien longtemps nous ne retrouverons une occasion semblable... car ce bélître de mari ne quitte pas sa femme... Mais aujourd'hui il est de garde. Madame Fauveau sera donc seule toute la nuit...

— Après... après...

— Tantôt... quoique certain qu'elle refusait très sérieusement nos offres... j'ai cependant voulu, en manière d'encas lui laisser le moyen de revenir sur sa résolution : je l'ai donc prévenue que de toute manière je l'attendrais avec le fiacre et le domino à sa porte, à une heure du matin.

— Eh bien ?

— Il faut, monsieur, venir avec moi dans ce fiacre.

— Ensuite.

— Je frapperai à une heure du matin à la porte de la boutique ; la belle loge seule au-dessus, à l'entresol ; malgré ses refus, il est certain que nos offres lui ont laissé quelque agitation dans l'esprit, ne fût-ce que le sot orgueil d'avoir résisté à nos tentations. Elle ne sera donc pas endormie, ou si, au pis aller, elle l'est, je frapperai plus fort afin de l'éveiller. La fine mouche se doutera bien que c'est moi qui suis là, fidèle à ma promesse ; alors, soit crainte de scandale (car je frapperai de plus en plus fort si elle hésite à me répondre), soit sûreté d'elle-même, soit enfin impatience et colère, il est très probable qu'elle viendra ouvrir. En ce cas, monsieur, vous prenez ma place, vous forcez un peu la porte, et vous plaidez votre cause mieux que je ne la plaiderais moi-même. J'espère qu'alors, persuadée par vos paroles, enchantée de voir un grand seigneur à ses pieds, éblouie par vos promesses, un retour subit à des idées moins sauvages la décidera à vous écouter.

— Tu as raison. Il faut du moins tenter ce moyen, utiliser cette occasion, puisque cette petite doit être seule.

— Monsieur dira-t-il encore que le vieux Loiseau...

— Mais non, non, — dit M. de Morsenne en interrompant son *Scapin* et frappant impatiemment du pied ; — il ne faut pas songer à cela !

— Pourquoi, monsieur ?

— Je ne puis me dispenser d'accompagner madame de Robersac et ma fille ce soir au bal de l'Opéra, ce serait éveiller les soupçons de la baronne, et il me faut à tout prix les faire tomber ; car une fois en défiance, j'ai tout à craindre de sa pénétration, et pour mille raisons je dois ménager beaucoup madame de Robersac. Ah ! maudite soit l'idée qu'elle a eue dans sa jalousie, d'organiser cette partie d'Opéra !

— Il est vrai, monsieur, — reprit Loiseau en se rongeant les ongles d'un air pensif, — là est la difficulté... ne pas aller au bal de l'Opéra...

— Impossible, ce serait redoubler la défiance de madame de Robersac.

— Le triomphe serait, n'est-ce pas, monsieur, de rester au bras de madame la baronne tant qu'elle sera au bal de l'Opéra, et cependant d'être en même temps rue du Bac, à la porte de la jolie parfumeuse ?

— Monsieur Loiseau plaisante apparemment ? — dit M. de Morsenne avec hauteur.

— Le pauvre Loiseau parle sérieusement, monsieur, et peut-être y aurait-il moyen...

Deux coups frappés discrètement à la porte de M. de Morsenne interrompirent l'entretien.

— Entrez, — dit le prince, assez impatienté d'être dérangé.

A la vue de son secrétaire, qui le salua profondément, les traits de M. de Morsenne reprirent leur expression habituelle de dignité froide, car Loiseau était le seul de ses gens devant qui le prince pût se démasquer.

— Que voulez-vous, monsieur Morisson? — dit-il à son secrétaire.

— Prince, je désirais avoir l'honneur de

vous dire deux mots au sujet d'une affaire que je crois très importante et... secrète, — ajouta-t-il en désignant Loiseau du regard.

— Va préparer ma toilette, — dit M. de Morsenne à son valet de chambre de confiance, — voici bientôt l'heure du dîner.

Le serviteur sortit.

— Eh bien, Monsieur, de quoi s'agit-il ? — dit le prince à son secrétaire.

— Il s'est présenté tantôt à l'hôtel une personne qui désirait vous parler, prince, et vous l'avez renvoyée à votre intendant.

— Ah ! oui, un monsieur qui venait, disait-il, pour affaire ; un monsieur...

— *Anatole Ducormier.*

— C'est cela. Et qu'est-ce qu'il veut, ce monsieur ?

— Il a demandé si vous n'aviez pas un secrétaire, prince, le sujet de la communication et de la mission dont il était chargé auprès de vous devant être plutôt confié à un secrétaire qu'à un intendant. M. Anatole Ducormier m'a alors été amené.

— Et cette communication ?

— Il doit vous la faire, prince, de la part de *M. le comte de* Morval, ambassadeur de France en Angleterre, que M. Ducormier a quitté il y a peu de jours.

— C'est sans doute la personne dont Morval m'avait parlé dans sa dernière lettre, —

pensa M. de Morsenne, — car il est des choses qui se transmettent verbalement et ne se disent pas. — Puis il reprit tout haut :

— Et ensuite, que vous a dit ce monsieur?

— Il a ajouté qu'il était aux regrets de n'avoir pu avoir l'honneur de vous voir, prince, et m'a prié de me rendre auprès de vous le plus tôt possible, et de vous demander de le recevoir demain, s'il se peut, dans la matinée ; il m'a laissé son adresse.

— Certainement, je le recevrai ! — reprit vivement le prince. — Ecrivez-lui tout de suite de venir demain de dix à onze heures.

— Oui, prince.

— A propos, monsieur Morisson, avez-vous remis au net ma lettre de remercîments à monseigneur Boccini, le *nonce* de notre *très Saint père*.

— Oui, prince.

— Ne manquez pas de me la faire signer demain matin.

— Oui, prince.

. . . .

A neuf heures du soir, M. de Morsenne, après une nouvelle conférence avec son fidèle Loiseau, se rendit avec madame de Beaupertuis, sa fille, chez madame de Robersac, ainsi que cela avait été convenu. Les lettres de faire part relatives au honteux mariage de la marquise de Blainville et du docteur Bonaquet furent écrites ; puis, vers minuit, M. de Morsenne étant monté en voiture avec mesdames de Robersac et de Beaupertuis, vêtues de dominos noirs, tous trois se rendirent au bal de l'Opéra.

FIN DU PREMIER VOLUME.

Impr. de E. Dépée, à Sceaux.

Chez les mêmes Éditeurs.

SOUS PRESSE :

LE
CHATEAU DES DÉSERTES,
PAR
GEORGE SAND.

2 volumes in-8°. — Prix : 12 francs.

LES
GAITÉS CHAMPÊTRES,
PAR
JULES JANIN.

2 volumes in-8°. — Prix : 12 francs.

EN VENTE :

RAOUL DESLOGES,
PAR
ALPHONSE KARR.

2 volumes in-8°. — Prix : 12 francs.

SACS ET PARCHEMINS,
PAR
JULES SANDEAU.

2 volumes in-8°. — Prix : 12 francs.

Paris. — Imprimerie de madame veuve Dondey-Dupré, 46, rue Saint-Louis, au Marais.

www.ingramcontent.com/pod-product-compliance
Lightning Source LLC
Chambersburg PA
CBHW060416170426
43199CB00013B/2158